DAS 12. HAUS

D1693853

Karen Hamaker-Zondag

DAS 12. HAUS

*Die verborgene Kraft
in unserem Horoskop*

IRIS
Bücher & mehr

Auskünfte: **www.irisbuch.com**

Die Originalausgabe erschien unter dem Titel *Het Twaalfde Huis* bei Uitgeverij Schors, 1990, Amsterdam, Niederlande. Die erste deutsche Ausgabe erfolgte 2000 im Verlag Hier & Jetzt, Bad Oldesloe.

5. Auflage

© Deutsche Ausgabe 2002: IRIS Bücher & mehr, Amsterdam, Niederlande
© World: Uitgeverij Schors, Amsterdam, Niederlande

Übersetzung: Helene Schnitzer
Umschlaggestaltung: Studio Paul Pollmann

Alle Rechte vorbehalten. Nachdruck, auch auszugsweise, sowie Verbreitung durch Funk, Film und Fernsehen, durch fotomechanische Wiedergabe, Tonträger und Datenverarbeitungssyteme jeder Art nur mit schriftlicher Genehmigung des Verlags.

ISBN 90-76274-36-3

Inhalt

Vorwort

Mit diesem Buch geht für mich der langgehegte Wunsch in Erfüllung, über ein Horoskop-Haus – das 12. – zu schreiben, dem mit sehr viel Angst und Verständnislosigkeit begegnet wird, das jedoch mit größerem Reichtum und mehr Inhalt erfüllt ist als manches andere Haus des Horoskops. Auch ich habe Dinge erlebt, die gemeinhin als negative Auswirkungen dieses Hauses angesehen werden. In ihrer Gesamtheit waren diese Erfahrungen aber letztendlich viel positiver, als ich es anfangs für möglich gehalten hatte – ich würde sie um nichts in der Welt missen wollen.

Durch eine Reihe von eindrucksvollen Träumen wurde mir zu Beginn der siebziger Jahre der Zusammenhang zwischen der Psychologie von C. G. Jung und der Astrologie deutlich. Zu dieser Zeit erlebte ich in vielerlei Hinsicht Chaos und Zersetzung. Mein Körper wollte nicht dasselbe wie ich, ich litt unter Kreislaufbeschwerden; ich war auf der Suche nach irgend etwas, und meine Arbeit an der Universität, die ich zuvor mit großer Befriedigung verrichtet hatte, bedrückte mich, ohne daß ich einen Grund dafür hätte anführen können. Des weiteren hatte ich Identitätsprobleme und und und... Auf den ersten Blick war diese Zeit – die einherging mit allerlei Progressionen und Transiten von Neptun und dem Herrscher des 12. Hauses – jedenfalls nicht angenehm. Aber ich war nicht unglücklich – es regte sich etwas in mir, von dem ich nur noch nicht wußte, was es war. Bis ich dann ganz plötzlich begriff, daß ich ein völlig anderes Leben führen mußte und gleich darauf die Konsequenzen zog: Ich beschloß, mich der Astrologie – genauer: der Astrologie auf der Basis der Jungianischen Psychologie – zuzuwenden. Innerhalb kürzester Zeit veränderten sich meine familiäre Situation, meine Arbeit, meine Beziehungen und mein Freundeskreis. Ich hatte das Gefühl, neugeboren zu werden.

In den darauffolgenden Jahren ließen mich insbesondere meine Träume und aktiven Imaginationen allmählich erkennen, daß nicht das 12. Haus die Schuld an einem wie auch immer gearteten Unglück trug. Es war letztlich meine eigene Haltung gewesen, die mich gehindert hatte, die Wirkungsweise und den Nutzen dieses Hauses zu verstehen. Ich hatte stets alles unter Kontrolle halten, allen Anforderungen gerecht werden und allen Verpflichtungen nachkommen wollen – Unordnung oder Chaos durfte nicht sein, das hatte ich brav gelernt. Mit dem Studium der Werke Jungs sowie der Geschichte des Bewußtseins (wie sie unter anderem von Erich Neumann geschildert wird) begann ich immer tiefer in die Symbolik der Träume, Mythen, Legenden und Märchen einzutauchen. Schließlich landete ich bei der Jungianischen Kritik unserer westlichen Gesellschaft (unter anderem von Whitmont sehr treffend dargelegt), welche die heutige Problematik in der Tatsache sieht, daß es keine Muße mehr gibt: Zeit ist Geld, Stillstand bedeutet Rückschritt. Die Stille und vermeintliche Ereignislosigkeit des 12. Hauses sind keine gesellschaftlich akzeptierten Werte; sie halten uns davon ab, die Auswirkungen dieses Hauses anzunehmen. Müßiggang ist bekanntlich aller Laster Anfang, und zu träumen ist unnütze Trödelei, die zu unterbleiben hat. So wird der Teil unserer Psyche, den das 12. Haus symbolisiert, vollständig ausgeblendet, und es kann nicht verwundern, daß wir mit ihm nicht umgehen können!

In meinem inneren Kampf mit den gesellschaftlichen Werten entdeckte ich mit Hilfe von Träumen und Imaginationen immer wieder neue Ausdrucksformen des 12. Hauses, welche mir keinen Kummer bereiteten, sondern mir im Gegenteil halfen. Manchmal führte der zunächst durch Inaktivität, Träumerei und durch die Beschäftigung mit «nutzlosen» Dingen entstandene «Zeitverlust» angesichts dessen, was in mir entstehen konnte, sogar zum Zeitgewinn. In diesem Zusammenhang möchte ich erwähnen, wie dankbar ich meinen Kindern bin. Wenn ich sie träumen und phantasieren ließ, nahmen sie mich mit in eine Märchenwelt voller Symbole und Telepathie, die von einem tiefen Gefühl des Einsseins geprägt ist. Vor allem lernte ich, wieder durch Kinderaugen zu sehen und alles zu nehmen, wie es kommt. Die Astrologie hatte mich bereits gelehrt, daß alles «zu seiner Zeit» geschieht – Lebenserfahrungen und Ereignisse gingen einher mit bestimmten Progressionen und Transiten. Die Jungianische Psychologie lehrte mich, daß man einen goldenen Schlüssel in die Hand bekommt, mit dem man mit sich selbst und den äußeren Ereignissen anders beziehungsweise besser umzugehen lernen kann, um etwas aus seinem Leben zu machen. Von meinen Kindern lernte ich, das Hier und Jetzt zu genießen, ohne Hast und ohne Ziel – einfach anzunehmen, was sich darbietet. Eine solche Haltung schärft die Wahrnehmung für subtile Erscheinungen, die von richtungweisendem Charakter sein können. Dem Geschehen nachgeben und dabei man selbst sein – das ist wohl die Haltung, die dem 12. Haus am besten entspricht. In diesem ist eine Kraft verborgen, die wir mit Hilfe von Bildern und Gefühlen sehen und erfahren können, und die uns erlaubt, mit der Wirklichkeit besser zurechtzukommen. Ich ging auf eine Reise in die unbekannte Welt des Unbewußten, die anfänglich so weit und unwirklich schien. Nun habe ich zum ersten Mal das Gefühl, nach Hause gekommen zu sein.

In diesem Buch möchte ich meine Gefühle, Ansichten und Erfahrungen mitteilen. Ich habe es bewußt nicht als «Rezeptbuch» gestaltet – das würde dem Charakter des 12. Hauses vollkommen widersprechen. Vielmehr habe ich versucht zu skizzieren, was geschehen kann und welche Möglichkeiten sich bieten. Als Beispiel einer Methode zur bewußten Arbeit mit dem 12. Haus habe ich die aktive Imagination gewählt, die ich eingehend beschreibe. Doch es gibt tausendundeine Methode, sowohl die gängigen als auch selbst entwickelte – sie sind alle gleich gut.

Ich möchte gerne Machiel und Machteld, unseren Kindern, danken für das, was sie mich lehrten und sehen ließen. Auch allen Teilnehmern an den 12.-Haus-Workshops der letzten Jahre bin ich dankbar für ihren Beitrag und den lebendigen Austausch, der zustande kam. Ausdrücklich erwähnen möchte ich Hetty Heyster, Atie Kaper und Corrie Kense, deren Beiträge ich in diesem Buch benutzen durfte.

Mein Mann Hans, der mit seinem starken 12. Haus und seinem Fische-Mond immer wieder genau erfühlt, was ich sagen will, hat das Manuskript Zeile für Zeile durchgearbeitet, verbessert und konstruktiv kritisiert. Er hat eine ganze Menge chaotischer oder undeutlicher Passagen entfernt, die ich in meinem Enthusiasmus übersehen hatte. Auch dafür meinen Dank.

Amstelveen, der 19. Oktober 1989   *Karen Hamaker-Zondag*

Kapitel 1

Freude oder Furcht

Man schöpft aus dem Brunnen ohne Hinde-
rung. Er ist zuverlässig. Erhabenes Heil!

»*I Ging*«, Hexagramm 48, oberste Linie

Der Brunnen ist für alle da. Kein Verbot hemmt
die Schöpfenden. Aber so viele auch kommen,
sie finden, was sie brauchen; denn der Brunnen
ist zuverlässig. Er hat eine Quelle und versiegt
nicht; darum ist er für das ganze Land ein
großes Heil: so der wirklich große Mann, der
unerschöpflich reich ist an innerem Gut. Je
mehr Menschen aus ihm schöpfen, desto größer
wird sein Reichtum.

»*I Ging*«

Dieser Brunnen steht jedem von uns zur Verfügung. Wir alle tragen, tief in uns, eine Quelle der Weisheit, die uns gibt, was wir
brauchen, und die niemals versiegt. Wir müssen nur den Zugang
zu diesem Brunnen finden, um aus ihm zu schöpfen. Vielerlei Ereignisse haben mir deutlich gemacht, daß es das 12. Haus ist, welches diesen Brunnen verkörpert. Das 12. Haus wird auf der einen
Seite viel zu negativ gesehen und zugleich unterschätzt. Das I
Ging sagt: *Der Brunnen ist für alle da.* In den Worten der Jungianischen Psychologie heißt das: Die tiefste Schicht in der Psyche
eines jeden Menschen ist die des kollektiven Unbewußten; diese
verbindet uns über Zeit und Raum hinweg immer und überall mit
dem Leben. Diese Schicht ist es, der alles entspringt und zu der al-

les zurückkehrt. Die Aktivitäten dieses Teils unserer aller Psyche sind in der Jungianischen Psychologie inzwischen oft und ausführlich beschrieben worden. Die Übereinstimmung mit dem 12. Haus fällt ins Auge, wenn wir das alte Vorurteil überwinden, demzufolge dieses Haus nichts als Kummer und Verlust bringt.

Immer wieder war ich überrascht von dem Reichtum, den wir hier im Horoskop antreffen können. Dieser Reichtum ist eine Quelle von Kreativität und Lebenskunst; er stellt, mit den Worten des I Ging, «ein großes Heil» dar. Wer es lernt, auf die innere Stimme zu hören, wird begreifen, daß das Bewußtsein dabei nur eine untergeordnete Rolle spielt. Vielmehr sind es die unbewußten Prozesse, die bei unserem Wachstum hin zu unserem Selbst von Bedeutung sind – diese unbewußten Prozesse bewirken den fruchtbaren Austausch zwischen dem Bewußtsein und dem Unbewußten. Dieser unerschöpfliche Reichtum an inneren Gütern ist das wirklich Menschliche an uns.

Wollen wir das 12. Haus wirklich begreifen, so müssen wir zunächst lernen, anders zu denken und zu urteilen. Vielleicht kann man das 12. Haus am besten als das Gebiet der Paradoxe umschreiben, in dem das Unmögliche möglich ist und in dem sich Gegensätze auf einer höheren Ebene miteinander vereinbaren lassen. Die Stellung des 12. Hauses im Horoskop gibt uns hier schon einen Hinweis. Wenn die Sonne im Osten aufgeht, steht sie, astrologisch betrachtet, auf dem Aszendenten. Danach steigt sie auf in Richtung der Himmelsmitte, wobei sie das 12., das 11. und das 10. Haus durchläuft. Das 12. Haus wird fast immer als «nebelhaft» empfunden; es wird als ein Bereich angesehen, in dem sich die Dinge der Sicht entziehen beziehungsweise sich hinter den Kulissen abspielen. Das läßt sich nur schwer mit dem Licht der soeben aufgegangenen Sonne vereinbaren, die doch alles zutage bringt. Wenn die Sonne aufgeht, verschwindet sie in astrologischer Sicht für eine Weile im 12. Haus.

Dies scheint ein Widerspruch zu sein: Sichtbar am Himmel und unsichtbar im Horoskop. Doch die zwei Bilder lassen sich gut miteinander vereinbaren. Wenn wir nämlich den Sonnenaufgang mit einer Geburt vergleichen, dann liegt der Moment des

14

Geborenwerdens am Aszendenten, der Spitze des 1. Hauses. Seit jeher werden Geburt und Inkarnation diesem Punkt zugeordnet. Im 1. Haus liegt die Manifestation des Lebens und der Lebenskraft. Dann verschwindet die Sonne für geraume Zeit im 12. Haus, was jedoch nicht bedeutet, daß das neue Leben zu wenig Lebenskraft besäße. Auch hier kommt es zu Wachstum und Entwicklung. Allerdings kann in einem so frühen Stadium noch nicht von Bewußtsein (Sonne) gesprochen werden. Was also geschieht hier genau?

In Jungianischer Terminologie ausgedrückt, finden wir im 12. Haus alle Faktoren und Inhalte des kollektiven Unbewußten. Mit anderen Worten: Alle Inhalte, die aus den Erfahrungen der gesamten menschlichen Evolution entstanden sind. Kollektiv sind diese, weil *alle* Menschen diese Inhalte in sich tragen, ungeachtet des Geschlechts, der Hautfarbe usw... Das kollektive Unbewußte enthält alle typisch menschlichen Verhaltensmuster als Anlage, so wie eine chemische Lösung die Idee des Kristalls, der aus ihr entstehen wird, schon in sich trägt. Die Form selbst ist in dieser noch nicht enthalten, nur die Möglichkeit zur Form*bildung*.

Die Tatsache, daß die Sonne, sobald sie sichtbar wird beziehungsweise auf dem Aszendenten steht, ins 12. Haus eintritt, könnte folgendes bedeuten: Der Mensch tritt bei seiner Geburt ein viel größeres Erbe an als nur das seiner eigenen Zeit und Kultur. Darüber hinaus müssen wir in Betracht ziehen, daß die Sonne durch ein «nebelhaftes» astrologisches Haus wandert und dabei ihre wahre Kraft noch verschleiert ist. Dies wiederum stimmt überein mit der Auffassung einiger Psychologen, daß das Kind bei der Geburt noch kein Ego besitzt. Das Kind startet gewissermaßen aus dem «Nichts»; erst nach dem Verlauf von einigen Jahren beginnt es «ich» zu sagen und sein Ego zu entwickeln. Einige Stimmen behaupten sogar, daß das Menschenkind zu früh geboren würde. Erich Neumann führt dazu in seinem Buch »*Das Kind*« aus, daß wir bei einem Vergleich zwischen dem neugeborenen Menschen und den Jungen der höheren Säugetiere feststellen müssen, daß die Tiere viel reifer zur Welt kommen als der Mensch. Der menschliche Embryo müßte anstelle der neunmonatigen

Schwangerschaft eine Tragezeit von 20 – 22 Monaten durchlaufen, um in etwa zur selben Reife zu gelangen. Das heißt also, daß das Menschenkind erst mit einem Jahr ein Entwicklungsstadium erreicht, das andere Säugetiere schon bei der Geburt aufweisen. Neumann vermutet, daß der Mensch neben der embryonalen Phase im Mutterleib nach der Geburt noch eine *postuterine* embryonale Phase durchlebt (welche Portmann die *soziale Uterusphase* nennt). Zu dieser Zeit nimmt das Kind bereits an der menschlichen Gemeinschaft teil und wächst auf natürliche Weise in die Sprache und Kultur seiner Gruppe hinein. Der beherrschende Faktor in dieser Phase ist die *Ur*beziehung zu seiner Mutter.

Die unbewußte Situation

Vor allem im ersten Jahr lebt das Kind aus einem unbewußten Seinszustand heraus, in dem es vieles von der Mutter aufnimmt. Völlig unbewußt, aber doch auf den Umständen vollständig angemessene Art und Weise reagiert es sowohl auf das Bewußtsein wie auch das Unbewußte der Mutter, wodurch es seinerseits unbewußt viele Dinge lernt. Wenn auch andere Personen – der Vater oder wer das Kind noch versorgt – eine Schlüsselrolle in der Welt des jungen Kindes spielen mögen: Der Einfluß der Mutter ist am größten, viel größer, als gemeinhin angenommen wird. Die zumeist unbewußte Haltung der Mutter dem Kind gegenüber weist diesem schon früh seinen Platz zu. Die Einstellung der Mutter sowie die der anderen Schlüsselpersonen resultiert aus einer Vielzahl verschiedener Faktoren, zum Beispiel dem eigenen Charakter, aus gelösten oder ungelösten Problemen und Ängsten, dem Verhältnis zu den eigenen Eltern, dem eigenen Platz in der Gesellschaft, auf kulturell beziehungsweise gesellschaftlich geprägten Einstellungen zur Erziehung usw. – die Liste ließe sich beliebig fortsetzen. All diese Faktoren prägen in ihrer Gesamtheit die – zumeist unbewußte – Haltung gegenüber dem Kind. Nur allzuoft zeigt sich, daß unser unbewußtes Verhalten eine ganz andere Einstellung zu Kindern wiederspiegelt als das bewußte.

So kann bereits auf einen Säugling unbewußt ein bestimmter Druck ausgeübt werden. Dies geschieht auf dem Wege der nonverbalen Kommunikation mit der unbewußten Welt der Mutter oder der Bezugsperson. Diese Erfahrungen können das Kind zutiefst prägen. Da in diesem Stadium von Bewußtsein oder Begreifen noch keine Rede sein kann, wird der Erwachsene später nur schwer mitteilen können, was ihm als Kind widerfahren ist. Dies ist das, was durch den Lauf der Sonne symbolisiert wird, wenn sie nach ihrem Aufgang das 12. Haus durchquert: Da ist etwas, ein bestimmter Prozeß läuft ab – doch auf welche Art und Weise bleibt verborgen, entzieht sich unserer bewußten Wahrnehmung. Das kleine Kind beginnt sogleich zu lernen. Seine «Programmierung», seine Ich-Entwicklung aber wird noch eine lange Zeit in Anspruch nehmen.

Die Säuglingszeit ist auch besonders wichtig im Hinblick auf die Entwicklung der Hirnrinde. Dies soll verdeutlicht werden am Beispiel der sogenannten Brocaschen Windung (von wo aus die Sprachentwicklung gesteuert wird). Die Dichte des Neuronennetzes nimmt in den Monaten nach der Geburt beständig zu, und es entstehen immer neue Verbindungen zwischen den Gehirnzellen. Es ist erwiesen, daß bei Kindern, denen bestimmte Erfahrungen in den ersten Lebensjahren fehlen, einige Verbindungen nicht zustandekommen. In den ersten Jahren wird also eine Basis geschaffen, sozusagen ein Netz, an dem wir für den weiteren Verlauf unseres Lebens weiterarbeiten müssen. Fehlen bestimmte Verbindungen, so wird es uns im Erwachsenenleben große Mühe machen, diese Verknüpfungen herzustellen.

In der analytischen Psychologie geht man davon aus, daß das kollektive Unbewußte angeboren ist und daß sich erst später ein Bewußtsein entwickelt. Das hat verschiedene Folgen. Mittels des eigenen Unbewußten ist das Kind mit der Mutter und dem Rest der Menschheit verbunden. Es hat noch kein Bewußtsein und keine Verdrängungsmechanismen für das, was dem Ich nicht gefällt; es ist völlig offen. Es reagiert dadurch auf alles, was das Unbewußte der Eltern betrifft, zum Beispiel Spannungen oder unbefriedigte Bedürfnisse. Eine Mutter, die vermeintlich liebevoll mit ihrem Kind umgeht, es aber im Inneren ablehnt, wird es negativ prägen. Das Kind reagiert nämlich in erster Linie nicht auf die äußere Haltung der Mutter, sondern auf die verdrängte, vor der Außenwelt verborgene, oder noch besser: auf die Verkrampfung als Folge der Verdrängung.

Frances Wickes hat diesem Problem in ihrem Buch »Analyse der Kindesseele« besondere Aufmerksamkeit gewidmet. C. G. Jung äußert sich im Vorwort wie folgt dazu:

*In der Regel (gehen) die stärksten Wirkungen auf die Kinder gar nicht etwa vom Bewußtseinszustand der Eltern aus, sondern von ihrem unbewußten Hintergrund. Für den ethischen Menschen, der selber Vater oder Mutter ist, bedeutet dies ein beinahe angsteinflößendes Problem. Denn man sieht ja, daß das, was wir mehr oder weniger in der Hand haben, nämlich das Bewußtsein und dessen Inhalte, unbekümmert wie sehr wir uns Mühe geben, unwirksam ist im Vergleich mit diesen unkontrollierbaren Hintergrundseffekten. ... Unzweifelhaft ist es für die Eltern von größtem Nutzen, die Symptome ihres Kindes im Lichte der eigenen Problematik zu betrachten.**

Sehr wichtig ist auch, was Jung aus seiner eigenen Erfahrung schließt. Er nimmt an, daß den größten psychischen Effekt auf das Kind hat, was man als «ungelebtes» Leben der Eltern und Ahnen bezeichnen könnte: das, was sie zu tun versäumt haben (wobei sie zu ihrer Entschuldigung oft zu fadenscheinigen Begründungen greifen), und das, wovor sie – oftmals mit Hilfe einer «frommen» Lüge – immer zurückgeschreckt sind. Dadurch entstehen – nach Jungs Worten – starke und mitunter bösartige Keime.

Nachdem meine Aufmerksamkeit geweckt worden war, bemerkte ich, daß das 12. Haus in dieser Beziehung Aufschluß geben kann, sowohl was Planeten im 12. Haus als auch die Position und die Aspekte seines Herrschers betrifft. Auch ein unbesetztes 12. Haus kann uns aufgrund des Herrschers noch viel von dieser frühen Phase erzählen.

---

* In: Frances Wickes: Analyse der Kindesseele. Untersuchung und Behandlung nach den Grundlagen der Jungschen Theorie. Stuttgart 1931 (Julius Hoffmann Verlag), S. 15/16

Ich bekam einmal den Auftrag, für eine Familie mit Vater, Mutter und drei Söhnen die Horoskope zu erstellen. Der Vater und die Mutter hatten beide Mars im 1. Haus, er im Zeichen Widder, sie sehr stark aspektiert. In ihrem Auftreten zueinander und gegenüber Dritten war von einem Mars im 1. Haus beziehungsweise von einer starken Aspektierung so wenig zu merken, daß man ins Zweifeln hätte kommen können. Die beiden waren überaus freundlich, sehr zuvorkommend und nahmen andauernd Rücksicht auf ihre Umgebung, was einen überaus herzlichen Eindruck erweckte. Aber es war zu spüren, daß da noch etwas anderes war, auch wenn es zunächst keine konkreten Hinweise gab, um was es sich handelte. Übertriebene Freundlichkeit und Zuvorkommenheit können als Abwehrmechanismen fungieren, um die eigene Aggression zu verdecken, vor allem dann, wenn diese so groß ist, daß es zu extremen Ausbrüchen kommen kann.

Die drei Söhne hatten offensichtlich alle Schwierigkeiten, für sich selbst die Verantwortung zu übernehmen. Nach Meinung der Eltern konnte dies auf keinen Fall an der Erziehung liegen, die ihrer Meinung nach frei und modern gewesen war. Allerdings... mußten sie natürlich darauf vorbereitet werden, ihre Rolle in der Gesellschaft zu übernehmen, weshalb sie von klein auf an bestimmte Aufgaben zu erfüllen hatten. So mußten sie von frühester Kindheit an im Hause mitarbeiten und durften erst spielen gehen, nachdem sie ihre Pflichten erfüllt hatten. Auch waren sie den Eltern absoluten Gehorsam schuldig. Bei allen dreien stand Mars im 12. Haus!

Dies muß bei Eltern, in deren Horoskop Mars so stark gestellt ist, überraschen. Wohl auch als Folge der eigenen Erziehung hatte keiner der beiden Elternteile in der Vergangenheit den Mut gehabt, die eigenen Mars-Kräfte zu entwickeln, was das eigene Selbst gefördert hätte. Beide waren sie in eine fromme Lüge geflüchtet: In größter Zuvorkommenheit allzeit bereit für andere. Hinter dieser Haltung «versteckt», brauchten sie den Mars-Trieb nicht zuzulassen. Aber dieser Trieb ließ sich nicht unterdrücken. Er führte dazu, daß die Kinder in ein Korsett gezwängt wurden, während die Eltern glaubten, in ihrer Erziehung sehr freiheitlich zu sein. Die Kinder mußten die Eltern durch ihren absoluten Gehorsam bestätigen. So wurden die Probleme der Eltern zu denen ihrer drei Söhne, wenn auch auf vollkommen andere Art und Weise.

Ich habe sehr oft die Probleme der Eltern – die sich mitunter über Generationen hinweg erstreckten – im 12. Haus oder in der Stellung dessen Herrschers wiederentdecken können. Dabei waren sich die Eltern bei der Geburt eines Kindes des Problems oftmals kaum bewußt. Einmal fand ich zum Beispiel Jupiter im 12. Haus eines Kindes, dessen Mutter studieren wollte, aber nicht die Erlaubnis dazu erhalten hatte, woraufhin sie sich mit einem Leben als Hausfrau abfand. Bei einem Kind mit Neptun im 12. Haus waren ein Eltern- und ein Großelternteil übernatürlich begabt, was beide jedoch aus Angst verdrängt hatten (zumal die Kirche darauf hingewiesen hatte, daß solche Dinge des Teufels seien). Man könnte fast ein Buch mit den verschiedenen Beispielen füllen – auf einige werden wir später noch zurückkommen.

Dies alles zeigt jedoch, daß wir im 12. Haus eine Reihe elementarer Faktoren finden können, die mit Ängsten und Hemmungen der Persönlichkeit verbunden sind. Wenn diese manchmal auch schon im Familienzusammenhang zu erkennen sind, resultieren sie in den meisten Fällen doch aus der frühen Interaktion des Kindes mit dem Unbewußten der Eltern. Das 12. Haus und sein Herrscher beleuchten den Teil unserer Entwicklung, den wir nicht bewußt miterlebt haben. Dieser Teil hat für die Entfaltung unserer Persönlichkeit sowie für unser psychisches Wachstum wegweisenden Charakter.

Die drei Söhne mit Mars im 12. Haus hatten aufgrund ihrer Erziehung eine bestimmte Einstellung zu ihrer Mars-Funktion. Jedesmal, wenn sie für sich selbst die Verantwortung übernehmen wollten oder mußten, fühlten sie eine unbestimmte Scheu. Für sich selbst die Verantwortung zu übernehmen ist eine typische Mars-Entsprechung – das 12. Haus in Verbindung damit deutet an, daß es zunächst diesbezüglich Schwierigkeiten gibt. In diesem Beispiel liegt der Akzent auf der Angst, die häufig eine – beileibe aber nicht die einzige – Auswirkung des 12. Hauses ist. Es ist nicht richtig, daß Planeten in diesem Haus oder im Aspekt zu dessen

Herrscher während des ganzen Lebens irgendwelche Phobien hervorrufen werden. Das 12. Haus ist eine Quelle zutiefst wunderbarer Erfahrungen, die oft den gleichen Ursprung haben wie die damit in Verbindung stehenden Ängste. Auf diese Erfahrungen werden wir später eingehen – zunächst wenden wir uns den Ängsten zu, die das 12. Haus beschreibt.

Kinderängste

Kennzeichnend für die Ängste des 12. Hauses ist, daß ihnen ein konkreter Grund zu fehlen scheint. Für gewöhnlich sind sie nicht in den bewußten Erfahrungen des heranwachsenden Kindes verwurzelt. Die Kinderpsychologie hat in diesem Zusammenhang einige wichtige Vorgänge ans Licht gebracht. So fällt auf, daß Kinder oft vor Tieren oder Dingen Angst haben, die sie in Wirklichkeit nie gesehen haben – Wesen, die sie nie zuvor in einer direkten Konfrontation hätten erschrecken können. Viele Kinder geben an, daß sie Angst vor Tigern, Bären, Affen oder anderen Tieren haben, denen sie höchstens einmal im Zoo begegnet sind. Des weiteren fürchten sich viele vor Hexen, Geistern und ähnlichen mysteriösen, ungreifbaren Erscheinungen. Auch hier kann es kaum zu einer beängstigenden Konfrontation gekommen sein. Aber diese Ängste sind sogar bei Kindern zu beobachten, denen man Märchen vorgelesen hatte, welche keine derartigen Figuren enthielten und die immer glücklich ausgingen.

Arthur Thomas Jersild hat bei seinen Forschungen viele Kinder befragt, wovor sie Angst hätten und was die allerschlimmste Erfahrung ihres Lebens gewesen sei. Es zeigte sich, daß zu den realen, als schlimm erfahrenen Dingen Krankheiten gehörten, Schmerz und dergleichen. Aber Angst bestand vor ganz anderen Dingen! Eine Anzahl von Kindern fürchtete sich vor einer Katastrophe, welche immerhin ein denkbares Ereignis darstellt. Die größte Gruppe ängstigte sich jedoch vor geheimnisvollen oder okkulten Phänomenen, zum Beispiel vor Hexen oder Geistern. Jersild zog daraus die Schlußfolgerung, daß der größte Teil der von den Kindern geschilderten Ängste in keinem oder nur einem sehr vagen Zusammenhang mit den in Wirklichkeit erlebten Schwierigkeiten stand.*

Rollo May hat zu diesem Thema weitere Studien durchgeführt. Er stellte fest, daß Kinder keine Angst haben vor den Dingen selbst. Wenn sie sich vor etwas fürchten, so liegt der Grund dann eher in einer unterschwelligen, allgemeinen Angst -- die dann bestimmte Formen annimmt. Das würde die große Anzahl der Fälle erklären, in denen Kinder sich vor nicht existierenden Wesen wie zum Beispiel Geistern und Hexen fürchten. Es ist bekannt, daß Kinderängste – und nur zu oft auch die der Erwachsenen! – auf Dinge projiziert werden, die in keinem direkten Zusammenhang mit der realen Welt stehen. Diese können aber wichtige Hinweise auf die subjektiven Bedürfnisse des Kindes liefern, vor allem im Hinblick auf seine Eltern.**

Mit anderen Worten: Sich vor etwas Bestimmtem zu fürchten, kann die Art der zugrundeliegenden Angst verbergen. Das erklärt auch, warum Kinder ihre Angst oft sehr schnell verlagern können, sobald ihnen deutlich gemacht wird, daß sie das Objekt ihrer Angst nicht wirklich fürchten müssen. Es geht nicht um ein äußeres Objekt, sondern um eine innere Einstellung!

Hagman unternahm noch einen weiteren Schritt. Er untersuchte den Zusammenhang zwischen den Ängsten von Kindern und denen ihrer Eltern. Es zeigten sich – vor allem mit den Ängsten der Mütter – bemerkenswerte Übereinstimmungen.*** Jersild fand außerdem eine auffallende Übereinstimmung bei den Ängsten von Kindern aus derselben Familie. Rollo May sieht hierin eine Bestätigung der alten psychologischen Erkenntnis, welche besagt, daß die Entwicklung der kindlichen Angst hauptsächlich durch die Beziehung zu den Eltern geprägt wird. Das Beispiel der drei Söhne mit Mars im 12. Haus paßt voll und ganz in dieses Bild. Die unbegründeten Hemmungen der drei hingen aufs engste zusammen mit den verborgenen und verdrängten Ängsten ihrer Eltern.

---

* Arthur Thomas Jersild: Child Psychology. New York 1940
** Rollo May: The Meaning of Anxiety. New York 1979
*** R. R. Hagman: A Study of fears of children of preschool Age. In: Rollo May: A. a. O.

Angst und Saturn

Dieses Beispiel führt uns noch zu einem weiteren wichtigen Punkt. In der Astrologie wird Angst fast immer mit dem Planeten Saturn in Verbindung gebracht. Wenn es sich bei ihr tatsächlich auch um eine Saturn-Entsprechung handelt, ist das Phänomen Angst aber viel zu komplex, als daß man es ausschließlich mit einem Planeten in Verbindung bringen könnte. Angst ist eine sehr wichtige psychische Erscheinung, die sich als Gemütszustand in vielen verschiedenen Formen und Abstufungen äußern kann. So kennen wir die «blinde Angst» und die «wilde Panik» – welche den Menschen zu überwältigen droht und bis zur Selbstzerstörung treiben kann – sowie auch Zustände von vager Lustlosigkeit und Anspannung. Nicht selten wird Angst von körperlichen Symptomen begleitet, die auch wieder von unterschiedlichster Natur sein können. Manchmal – beim einen stärker als beim anderen – sind durch die Abwehrmechanismen und neurotischen Symptome die zugrundeliegenden Ängste nicht mehr zu erkennen. Neurotische oder der Außenwelt unbegründet scheinende Ängste entstehen vor allem im Inneren der Persönlichkeit. Sie können von der Blockierung innerlicher Vorgänge herrühren, die im Kulturmuster oder durch die Erziehung als nicht wünschenswert oder sogar «schlecht» angesehen werden oder verboten sind. Wenn die Eltern durch ihre Haltung und ihre eigene Angst verraten, daß sie etwas Bestimmtes verdrängen, signalisieren sie dem Kind, daß dieses Etwas unerwünscht ist. Es besteht dann die Gefahr, daß das Kind später bezüglich dieses Inhaltes ebenfalls Angst oder eine Neurose entwickelt.

Neurosen werden für gewöhnlich nicht mit dem 12., sondern mit dem 8. Haus in Verbindung gebracht, Ängste sieht man in Zusammenhang mit dem Planeten Saturn. Ich möchte aber aufgrund meiner Erfahrungen behaupten, daß sowohl Angst als auch Neurosen etwas mit dem 12. Haus zu tun haben. Wo liegt der Unterschied?

In der überlieferten Sichtweise ist Saturn ein psychischer Inhalt, der mit Einschränkung, Angst und Unannehmlichkeiten assoziiert wird. Dies gilt in besonderem Maße für die verschlossene, unzugängliche Haltung eines Menschen als Folge eines Gefühls der Verletzlichkeit, des Unvermögens oder der Minderwertigkeit. Dabei ist zu beachten, daß Saturn, einhergehend mit unserer Lebenserfahrung, unsere innere Standhaftigkeit begründet, wobei er sich Prozesse zunutze macht, mit deren Hilfe wir sowohl unsere wahre Stärke als auch unsere Grenzen erkennen können. Angst vor neuen Erfahrungen, die uns aus dem Schutz unserer selbstgewählten Beschränkung locken könnten, ist seine negative Seite, die Belohnung für das Durchhalten seine positive.

So hat auch das Phänomen Angst zwei verschiedene Gesichter: Sie kann uns lähmen, aber auch aktivieren. Angst ist dem Menschen Warnsignal und Impuls zur Überwindung der Furcht zugleich. Indem wir nicht vor ihr weglaufen, wachsen wir. Geben wir ihr nach, so kommt es zwangläufig zu Hemmungen und Stagnation. Die lähmende Komponente der Angst entsteht, wenn wir uns fürchten, das Alte und Vertraute loszulassen – wenn wir uns nicht trauen, das, was wir für unseren Schutzraum halten, zu verlassen und das Neue willkommen zu heißen. Aber Saturn ist nicht gleichbedeutend mit Angst, auch wenn die Verwirklichung und vor allem die Nicht-Verwirklichung dieses Inhalts für uns oft mit Furcht verbunden sind. Sein Einfluß auf die verschiedenen Erscheinungsformen der Angst ist unverkennbar: im negativen Sinne angstverstärkend, oder, in positiver Auswirkung, diese durchbrechend.

Es heißt, daß Saturn dem Alten und Vertrauten verhaftet ist. In Wirklichkeit aber fordert er von uns den Mut, alte Strukturen zu prüfen und loszulassen, damit neue entstehen können. Er läßt sich Zeit bei diesem Prozeß – Saturn kennt keine Eile. Wenn wir alte, überlebte Angelegenheiten des Lebens hinter uns lassen und nur das wirklich Wertvolle in eine neue Lebensphase hinübernehmen wollen, so wird unsere strukturierende und zuverlässige Saturn-Kraft von großer Hilfe sein. Lassen wir jedoch eine überflüssig gewordene, vertraute Haltung oder Situation nicht los und wehren wir uns ständig gegen notwendige Erneuerungen, so erstarren wir und werden dann immer wieder mit dieser inneren Kraft konfrontiert. Jede kritische Lebensphase wird dann große Probleme aufwerfen. Sowohl unserem Körper als auch unserem Geist stellen sich bei jedem Eintritt in einen neuen Lebensabschnitt neue Aufgaben. Widerstand gegen notwendige Entwicklungen bremst unser psychisches Wachstum, was zu Phobien, Ängsten und Neurosen führen kann. Solche Ängste entstehen zum Beispiel dann, wenn wir glauben, einem neuen Lebensabschnitt noch nicht gegenübertreten zu können.

Saturn beeinflußt als psychischer Inhalt also die Art und Weise, wie wir mit Angst umgehen. Ist die Angst mit Widerstand gegenüber oder der Unfähigkeit zu dem notwendigen psychischen Wachstum verbunden, können alle psychischen Inhalte bei diesem Phänomen einbezogen sein. Auf seine Art kann also jeder Planet mit Angst zu tun haben.

Die Ängste des 12. Hauses sind mit unseren frühesten Erfahrungen verbunden. In der Regel entstehen sie in der Säuglingszeit aus der unbewußten Identifikation mit den Eltern und über diese mit der kollektiven Vergangenheit. Allerdings können auch andere ungreifbare und unbewußte Erfahrungen aus dieser Zeit sich zu Angstfaktoren entwickeln oder zumindest einen zunächst unerklärlichen Einfluß auf die Entwicklung der Persönlichkeit sowie auf die Interessensgebiete ausüben.

Wir werden später noch darauf eingehen, daß die allerfrüheste Konditionierung auch zu positiven Erfahrungen Anlaß geben kann. Zunächst möchte ich mit Nachdruck folgendes betonen: Planeten im 12. Haus des Kindes deuten nicht an, daß die Eltern «schlecht» oder «unzuverlässig» gewesen sind oder auf irgendeine Art «Schuld haben». Auch Eltern müssen ihre Vergangenheit bewältigen – auch sie waren in ihrer Kindheit unbewußten Einflüssen und daraus resultierenden Ängsten ausgesetzt, und sie mußten sich auf ihre Weise einen Weg durchs Leben bahnen. Zwar sind wir vor allem als Baby empfänglich für ihre unterdrückten oder noch nicht bewältigten Konflikte, doch heißt das nicht, daß die Eltern in dieser Periode versagt hätten. Sind oder werden Eltern sich ihrer Problematik bewußt und treten sie ihr ehrlich entgegen, können sie sogar ihren «12.-Haus-Kindern» eine ungemein wertvolle Lebenshaltung vermitteln, die statt Ängsten große Gaben zur Entfaltung kommen läßt. Die Eltern können dann ihre Nachkommen von Seele zu Seele erfühlen und dabei erfahren, wie wichtig gerade die Kinder als Spiegel ihres eigenen Seelenlebens sind. Das bedeutet auch den Zugang zur Quelle, aus der Eltern und Kinder trinken können. Von den Eltern erfordert dies jedoch Offenheit und den Mut zum Innehalten, den Mut, sich selbst anzusehen, sich dem Kampf mit sich selbst zu stellen und die Probleme nicht länger auf die Außenwelt zu schieben. Das führt uns zum 8. Haus.

Das 8. Haus stellt das Gebiet des persönlichen Unbewußten dar. Die Ängste dieses Bereiches entstehen aus Erfahrungen, die wir im Laufe unserer Persönlichkeitsentwicklung gemacht haben. Im 8. Haus finden sich Erfahrungen, Sehnsüchte, Wünsche und Situationen, die wir vergessen haben oder vergessen wollen beziehungsweise mit Hilfe eines unbewußten Mechanismus verdrängt haben. Diese Erlebnisse haben wir mit dem sich formenden Ich erfahren – insofern unterscheiden sie sich von den Erfahrungen der Säuglingsphase. In letzterer war die unbewußte Identifikation mit den Eltern maßgebend für die Persönlichkeitsentwicklung – von Verdrängung konnte noch keine Rede sein, da sich noch kein abgegrenztes Ego geformt hatte.

Im 8. Haus finden sich also nicht nur unsere verdrängten und vergessenen Erfahrungen, sondern auch unerkannte Gaben und Talente. Sie können zur Entfaltung kommen, sobald wir unsere psychischen Probleme zumindest zum Teil gelöst haben. Das 8. und das 12. Haus sind gegeneinander aber nicht starr abgegrenzt. Gibt zum Beispiel ein Planet im 12. Haus Anlaß zu Schwierigkeiten, die sich im bewußten Leben fortsetzen, können wir die damit verbundenen Verdrängungen und Frustrationen im 8. Haus wiederfinden. Ich habe mehrmals festgestellt, daß eine wichtige Progression bezüglich des Herrschers des 8. Hauses oder ein wichtiger Transit durch diesen Bereich (insbesondere von Saturn) Probleme aufrühren kann, die in direkter Beziehung zu Planeten im 12. Haus oder zu dessen Herrscher stehen. Dies gilt selbst für den Fall, daß keine Progressionen oder Transit-Aspekte zu den betreffenden Planeten selbst bestehen. So zeigt sich wieder einmal, daß alle Teile der Psyche unlöslich miteinander verbunden sind.

Kapitel 2

Einige kurze Beispiele

Im vorigen Kapitel haben wir zwischen den diversen Formen von Angst unterschieden, die Saturn, dem 8. oder dem 12. Haus zugeschrieben werden. Auch stellten wir fest, daß bei den Ängsten des 12. Hauses nicht gefragt werden kann, wo die «Schuld» liegt, da wir hier oft Inhalten begegnen, mit denen schon unsere Eltern und vielleicht sogar eine ganze Reihe unserer Vorfahren gekämpft haben.

Oft wird in astrologischen Handbüchern behauptet, daß wir mit Saturn im 7. Haus einen älteren Partner suchen, eine Vater- oder Mutterfigur. In der Praxis ergibt sich dasselbe Bild (manchmal in noch stärkerer Ausprägung) bei Saturn im 12. oder 8. Haus oder im Aspekt zu dem jeweiligen Herrscher. Zwei Fälle aus der Praxis: Ein Mädchen mit Saturn im 12. Haus erzählte mir, daß die Ehe ihrer Eltern noch vor ihrer Geburt geschieden worden war. Nach einigen Jahren heiratete die Mutter wieder. Der neue Vater war dem Kinde gegenüber warm und herzlich. Aber die fehlenden Jahre hatten Wirkung gezeigt: Trotz des guten Beispiels, das ihr neuer Vater ihr gegeben hatte, war sie auf der Suche nach einem älteren, väterlichen Partner.

Im Horoskop einer anderen jungen Frau stand Saturn im 8. Haus. Bis zu ihrem zehnten Lebensjahr hatte sie eine glückliche Kindheit verbracht. Dann zerbrach die Ehe der Eltern, die jedoch wegen der Kinder zusammenblieben. Zwischen dem Mädchen und ihrem Vater entstand eine immer größere Kluft, die schließlich dazu führte, daß sie ihn jahrelang ignorierte. Es liegt auf der Hand, daß eine derartige Situation später zu bestimmten Ängsten und Neurosen führen kann, zumal sich in diesem Fall der Vater der Familie gegenüber nicht sehr freundlich verhielt. Auch diese Frau suchte (und fand) einen älteren, väterlichen Partner.

Beide Radix-Positionen von Saturn haben hier also dieselbe äußerliche Auswirkung: das Suchen nach einer Vaterfigur. Anlaß und Hintergrund unterscheiden sich jedoch wesentlich. Beim ersten Mädchen gab es während der bewußten Periode der Kindheit keine größeren Schwierigkeiten. Die Problemsituation trat auf während der letzten Schwangerschaftsphase und in der Säuglingszeit. Im zweiten Fall gab es in dieser Zeit keine Schwierigkeiten, sondern erst in der bewußten Phase der Jugend.

Ein weiteres Beispiel: Eine 35jährige Frau kam zu einer Beratung in meine Praxis. Sie war unverheiratet und hatte sehr vielseitige Interessen. Aber sie konnte sich nur schwer eine Vorstellung von ihren eigentlichen Zielen machen und hatte immer wieder das Gefühl, zerrissen zu werden und sich selbst im Wege zu stehen. Auch war sie oft unsicher, ohne daß ein Anlaß erkennbar gewesen wäre. Diese Frau erklärte, eine glückliche Jugend gehabt zu haben. Sie hatte einen guten Kontakt zu ihren Brüdern und Schwestern, und ihre Eltern führten eine glückliche Ehe. Der Herrscher ihres 12. Hauses stand in Opposition zum Aszendenten und im Quadrat zur Sonne. Diese Kombination habe ich oft bei Personen gesehen, die unter Unsicherheit und Identitätsproblemen leiden, welche mit Kindheitserfahrungen zusammenhängen. Vor allem das Vaterthema beziehungsweise das Vaterbild und die damit zusammenhängende Entwicklung der eigenen Identität sind mit der Sonne verbunden (während Saturn im Hinblick auf das Vaterthema mehr die Struktur und den Rückhalt darstellt).

Im Gespräch kam heraus, daß der Vater schwerversehrt war. Die Ehe der Eltern war sehr gut, doch hatte die Mutter nach der Geburt der Tochter eine schwere Zeit durchgemacht. Der Mann hatte ihr aufgrund seiner beschränkten körperlichen Fähigkeiten nur wenig helfen können. Die Mutter hatte Angst gehabt und das Gefühl, bei der Erziehung des Kindes ganz auf sich gestellt zu sein. Das Gefühl der Verantwortung hatte schwer auf ihr gelastet. Sie liebte ihre Tochter und konnte doch nicht verhindern, daß diese die Spuren der Ängste trug, die in der Säuglingszeit sehr spürbar gewesen sein müssen. Der Konflikt zwischen dem Herrscher des 12. Hauses und der Sonne ist bezeichnend für diese Situation. Wir müssen uns klarmachen, daß es um ein Problem der Mutter im Zusammenhang damit ging, daß ihr Mann (durch die Sonne dargestellt) ihr nicht oder nur wenig helfen konnte. Von «bösen» Gedanken kann hier keine Rede sein – gerade die guten Absichten der Mutter bildeten in diesem Fall die Basis für die Ängste, die das Kind aus der Einheit mit der Mutter heraus erfuhr.

Ein Beispiel für die Tatsache, daß Kinder für die nicht entwickelten Seiten im Charakter ihrer Eltern sehr empfänglich sind, war das der drei Söhne mit Mars im 12. Haus. Ein weiteres ist das des niederländischen Königshauses. Schon seit Generationen wird das Königsamt durch Frauen bekleidet, die gleichzeitig auch Mütter sind. Es ist kaum denkbar, daß das Königsamt oder die Vorbereitung auf dieses mit all den öffentlichen Verpflichtungen keinen Einfluß auf die Mutterschaft haben sollte. Wir wollen daraufhin die Horoskope der Familie näher untersuchen.

Das niederländische Königshaus

Die 1880 geborene Wilhemina wurde bereits im Alter von zehn Jahren Königin – offiziell bestieg sie den Thron erst als 18jährige. Wir führen in unserer Übersicht die Planeten an, die bezüglich des 12. Hauses in den Horoskopen von Wilhelmina, Juliana, Beatrix und Willem-Alexander von Bedeutung sind.

Wilhelmina
Mitregent von 12 in Konjunktion zur Sonne
Herrscher von 12 im Quadrat zum Mond
Herrscher von 12 im Trigon zu Merkur
Herrscher von 12 im Quinkunx zu Mars
Mitregent von 12 im Trigon zu Neptun

Juliana
Sonne in 12, in Konjunktion zum Herrscher von 12

Herrscher von 12 im Trigon zum Mond
Merkur in 12
Venus in 12
Herrscher von 12 im Quadrat zu Mars
Herrscher von 12 im Trigon zu Jupiter

Beatrix
Herrscher von 12 im Quadrat zur Sonne
Herrscher von 12 im Quadrat zum Mond
Mitregent von 12 im Trigon zu Merkur
Herrscher von 12 im Quadrat zu Venus
Mars in 12
Herrscher von 12 im Quadrat zu Jupiter
Saturn in 12

Willem-Alexander
Herrscher von 12 in Opposition zum Mond
Mars in 12, im Trigon zum Herrscher von 12
Herrscher von 12 im Quadrat zu Uranus
Herrscher von 12 im Quadrat zu Pluto

Es ist bemerkenswert, daß sich bei den Mitgliedern des Königshauses über vier Generationen hinweg eine Verbindung zwischen dem Mond und dem 12. Haus feststellen läßt. Der Mond symbolisiert das Pflegende und Behütende, das Mütterlich-Schützende und das Geborgenheit Gebende. Eine Verbindung mit dem 12. Haus bedeutet häufig Probleme bei der Verwirklichung dieses Prinzips. Hierbei kann es sich um äußere Schwierigkeiten handeln wie zum Beispiel das Aufwachsen innerhalb eines streng reglementierten Umfeldes oder die Erziehung durch eine Gouvernante. Es können sich auch innere Probleme ergeben, im Zusammenhang mit dem Gefühl, den Verpflichtungen und/oder der Mutterschaft nicht gerecht zu werden. Es kann ein Konflikt entstehen zwischen dem, was man fühlt, und dem, was von einem erwartet wird, was vielleicht zu Unsicherheit Anlaß gibt: das Gefühl, sich vor den Augen der ganzen Nation als gute Mutter beweisen zu müssen usw. Eine weitere mögliche Auswirkung der Verbindung von Mond und dem 12. Haus richtet sich auf den Vater, der ein Problem mit seiner Frau hat oder nicht weiß, wie er sie in ihrer Rolle als Mutter erleben soll. Es kann bei einer solchen Verbindung auch sein, daß einer der beiden Elternteile ein ungelöstes Mutterproblem hat, worüber er sich vielleicht noch nicht einmal im klaren ist. Welche der Möglichkeiten – die mit diesen Beispielen beileibe noch nicht erschöpft sind – zutrifft, läßt sich aus dem Horoskop nicht ersehen. Auf jeden Fall wird das Thema in den ersten Lebensjahren eine Rolle spielen.

Wenn wir bei dem Königshaus unseren Blick auf die Verbindungen zwischen dem 4. und dem 12. Haus richten, so sehen wir zwischen dem Herrscher von 12 und dem von 4 bei Wilhelmina ein Trigon, bei Juliana eine Konjunktion (bei letzterer steht noch der Herrscher vom 4. Haus in Haus 12). Bei Beatrix und auch bei Willem-Alexander stehen der Herrscher von 12 und der von 4 im Quadrat zueinander. Viermal eine Verbindung zwischen Mond und Haus 12 und viermal eine Beziehung zwischen den Häusern 4 und 12. Im schlimmsten Fall deutet die Verbindung der Häuser 4 und 12 auf ein chaotisches Zuhause, auf ein Gefühl der Entwurzelung, ungeregelte häusliche Umstände oder auf eine Situation in der Jugend, in der die Familienmitglieder aneinander vorbei leben. Im besten Falle handelt es sich um eine Familie, die in der Religion Kraft und Unterstützung findet oder in deren Heim künstlerische – vor allem musikalische – Aktivitäten zur Entfaltung kommen. Nach meiner Erfahrung sind die kritischeren Auswirkungen auch bei harmonischen Aspekten wie dem Trigon zu beobachten. Dagegen finden sich bei den sogenannten disharmonischen Aspekten häufig die kreativeren Äußerungen.

Ein weiteres bemerkenswertes Thema ist die Verbindung des 12. Hauses mit Mars. Bei Wilhelmina finden wir ein Quinkunx des Herrschers von 12 zu Mars; bei Juliana besteht zwischen diesen ein Quadrat; bei Beatrix und bei Willem-Alexander steht der Mars in 12 (bei letzterem gibt es noch ein Trigon zwischen dem Herrscher von 12 und Mars). Die Verbindung von Mars und dem 12. Haus deutet oftmals darauf hin, daß die Eltern oder auch die Groß-

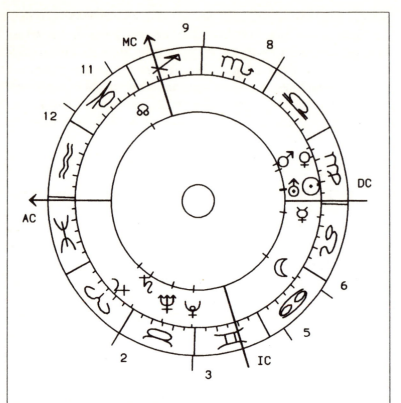

Horoskop von Wilhelmina
31.8.1880, Den Haag, 18.30 Uhr

Der Herr von Haus 12, Saturn, steht im Quadrat zum Mond, im Trigon zu Merkur und im Quinkunx zu Mars. Wenn wir die Planeten in Beziehung zu den Häusern setzen, ergibt sich als Resultat, daß der Herrscher von 12 im Quadrat zum Herrscher von Haus 5 und 6 (Mond), im Trigon zum Herrscher von Haus 4 und 7 (Merkur) und im Quinkunx zum Herrscher von Haus 2 (Mars) steht. Das 12. Haus schließt das Wassermann-Zeichen ein - insofern ist Uranus Mitregent. Dieser steht in Konjunktion zur Sonne (Mitregent von Haus 6) und im Trigon zu Neptun, dem Herrscher des Aszendenten. Im 12. Haus selbst stehen keine Planeten.

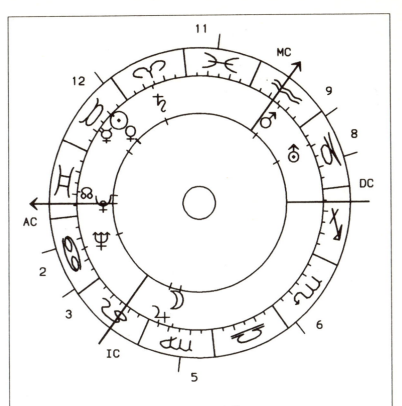

Horoskop von Juliana
30.4.1909, Den Haag, 6.50 Uhr

Juliana, 1909 geboren, ist die Tochter von Wilhelmina. Im Gegensatz zu ihrer Mutter finden sich bei ihr Planeten im 12. Haus, nämlich die Sonne, Venus und Merkur. Bei diesen handelt es sich um den Herrscher von Haus 4, den Mitregenten von Haus 5 und Herrscher von Haus 12 und den Herrscher von Haus 1 und Haus 5. Der Herrscher von Haus 12 ist an folgenden Aspekten beteiligt: Konjunktion mit der Sonne (Herrscher von Haus 4), Quadrat zum Mars (Mitregent von Haus 11), Trigon zum Mond (Herrscher von Haus 2 und 3) und Trigon zu Jupiter (Herrscher von Haus 7). Bei Juliana sind ungemein viele Horoskop-Faktoren mit dem 12. Haus verbunden.

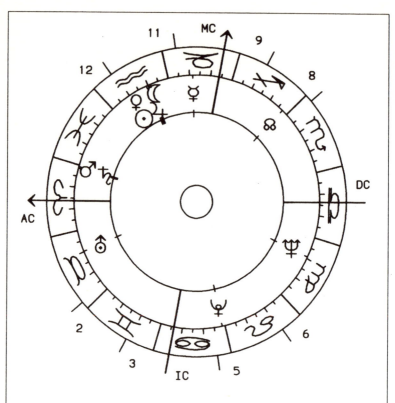

Horoskop von Beatrix
31.1.1938, Soestdi jk, 9.47 Uhr

Beatrix ist die älteste der vier Töchter Julianas und die heute amtierende Königin der Niederlande. Sie wurde im Jahre 1938 geboren. Auch bei ihr stehen Planeten im 12. Haus: Mars (der Herrscher des 1. Hauses) und Saturn (Herrscher von Haus 10 und 11). Der Herrscher von Haus 12, Uranus, steht im 1. Haus und ist an folgenden Aspekten beteiligt: Quadrat zur Sonne (Herrscher von Haus 6), Quadrat zum Mond (Herrscher von Haus 4 und 5), Quadrat zur Venus (Herrscher von Haus 2 und 7) und Quadrat zu Jupiter (Herrscher von Haus 9). Des weiteren steht Neptun, der Mitregent von Haus 12, im Trigon zu Merkur (dem Herrscher von Haus 3 und Mitregenten von Haus 6). Auch bei Beatrix gibt es viele Zusammenhänge mit dem 12. Haus.

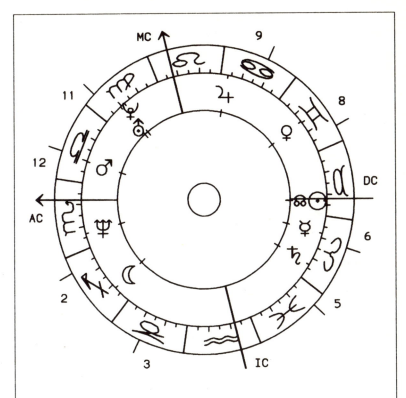

Horoskop von Willem-Alexander
27.4.1967, Utrecht, 19.57 Uhr

Als letztes das Horoskop von Willem-Alexander, dem ältesten
Sohn von Beatrix, der der Thronfolger ist. Sein 12. Haus läßt
sich wie folgt beschreiben: Mars, der Herrscher von Haus 6,
steht im 12. Haus (wie auch im Horoskop seiner Mutter). Der
Herrscher von 12, Venus, steht in Opposition zum Mond (Herrscher von Haus 9), im Trigon zu Mars (Herrscher von Haus 6),
im Quadrat zu Uranus (Herrscher von Haus 4) und im Quadrat
zu Pluto (Herrscher des Aszendenten).

35

eltern Probleme damit hatten, für sich selbst die Verantwortung zu übernehmen, die eigenen Interessen zu verfolgen oder auch einfach nur das zu tun, wozu man gerade Lust hat. Diese Stellung bedeutet häufig, daß ein Elternteil sich aufopfert, um etwas in Gang zu halten und sich selbst dabei völlig verleugnet. Das Bedürfnis nach einem eigenen Leben wird verdrängt – es tritt dann bei der nächsten Generation durch das 12. Haus zutage. Bei der traditionellen Vorbereitung auf das Königsamt mit all den protokollarischen Pflichten gibt es nicht viel Freiheit und kaum Möglichkeiten, das zu tun, wozu man Lust hat. Es ist bekannt, daß Beatrix, die sich zunächst überhaupt nicht zum Thron hingezogen fühlte, erst nach langem Abwägen diese Aufgabe übernahm. Nachdem sie diese Entscheidung getroffen hatte, widmete sie sich ihr aber auch mit ganzer Hingabe. Daß sie dabei ihre Unternehmungslust und ihre mitunter provozierenden Bedürfnisse ablegen mußte – sie ist Wassermann mit vielen Uranus-Konflikten und einem Widder-Aszendenten –, schlug sich im Horoskop ihres ältesten Sohnes nieder. Auch Willem-Alexander mit seinem 12.-Haus-Mars ist nicht gerade froh darüber, seine Bewegungsfreiheit aufgeben zu müssen.

Die provozierenden Charakterzüge der Mutter kommen nun im Horoskop von Willem-Alexander, in seinem 12. Haus beziehungsweise seinem Quadrat vom Herrscher von Haus 12 zu Uranus, zum Ausdruck. In den früheren Generationen gibt es keinen Zusammenhang zwischen dem 12. Haus und Uranus oder Pluto. Bei Willem-Alexander wiederum fehlen die Verbindungen von Sonne, Merkur und Venus zum 12. Haus, die bei seiner Mutter, Großmutter und Urgroßmutter im Vordergrund standen. Beatrix und Claus wollten ihren Kindern eine moderne Erziehung zukommen lassen und ihnen soviel Freiheit geben, wie unter den gegebenen Umständen möglich war. Aber die vererbten Verbindungen von Mond und Haus 12 sowie dem 4. und dem 12. Haus blieben trotz dieser veränderten Erziehungssituation bestehen.

Des weiteren haben wir festgestellt, daß bei Beatrix Saturn im 12. Haus steht. Diese Position findet sich häufig, wenn die Vaterfigur in den ersten Jahren nicht oder nicht in ausreichendem Maße zur Verfügung gestanden hat. Wir wissen, daß Beatrix kurz vor

Ausbruch des 2. Weltkrieges geboren wurde. Ihre Mutter Juliana flüchtete mit ihr und der 1939 geborenen Schwester Irene nach Kanada, während der Vater, Prinz Bernhard, zurückblieb. Dadurch haben die beiden Schwestern ihren Vater in den ersten Jahren nicht im geregelten Familienverband erleben können. Die Wirkung des 12. Hauses erstreckt sich über die gesamte unbewußte Phase, also etwa bis zum siebten Lebensjahr, wobei die ersten vier Jahre die wichtigsten sind. Im übrigen hat auch Prinzessin Irene Saturn im 12. Haus.

An diesem Beispiel soll deutlich werden, daß in einer Familie oft viele Generationen unter der gleichen Problematik zu leiden haben. Die Schwierigkeiten, die das 12. Haus andeutet, können mit Umständen zur Zeit der Geburt und während der ersten Lebensjahre zusammenhängen. Das folgende Beispiel illustriert, daß es sich dabei um sehr ungewöhnliche Situationen handeln kann. Während der Vorbereitungen zu einem Workshop über das 12. Haus rief mich ein Kollege an. Wir begannen, über sein 12. Haus zu sprechen, in dem sich Merkur und Venus befinden. Des weiteren steht der Herrscher von 12 im Quinkunx zur Sonne. Er erzählte, daß er in einem Haus geboren sei, in dem es gespukt und sich allerlei Unerklärliches ereignet hätte! Seine Eltern hätten ihm viele Geschichten darüber erzählt, von denen einige ziemlich gruselig, andere eher komisch gewesen wären. Diese Erfahrungen haben ihn geprägt. Er hatte sich eine ungewöhnliche Sensibilität gegenüber diesen Dingen erhalten. Er erzählte, daß er trotz seiner nüchternen Weltanschauung oft Dinge hörte und sah, die zu einer anderen Welt gehörten. Er war sensibler, als die meisten Menschen glaubten; er wurde oft als Sonderling abgestempelt und von vielen Menschen nicht verstanden. Neben seiner Arbeit beschäftigte er sich mit Philosophie und metaphysischen Problemen, mit Okkultismus und Magie, zu denen er eine eigenständige Meinung entwickelt hatte. Er selbst glaubte, daß die frühen Erfahrungen in dem Haus wesentlich dazu beigetragen hatten.

Ich führe dieses Beispiel gerne an, um zu zeigen, daß das Kind nicht immer nur auf die Mutter oder auf die Beziehung zu den Eltern reagiert. Das Kind ist aus einem kollektiv-unbewußten Zustand heraus Teil seiner Umgebung; es reagiert auf diese als Ganzes. Natürlich kommen nicht viele Kinder in Häusern zur Welt, in denen es spukt. Wir dürfen aber wohl annehmen, daß die unbewußte elterliche Situation die wichtigste Basis der frühen Erfahrungen des Kindes bildet.

Mit diesem Beispiel sind wir auf einem anderen Gebiet angekommen, das ebenfalls mit dem 12. Haus in Verbindung steht: Die Welt des Unsichtbaren und des Übernatürlichen. Der Psychiater Jan Ehrenwald hat dargelegt, wieweit auch hier die elterliche Situation in den ersten Jahren eine Rolle spielt. Wir gehen im folgenden Kapitel darauf ein.

Kapitel 3

Die Eltern-Kind-Symbiose

Übersinnliche Wahrnehmungen

In den vorigen Kapiteln haben wir gesehen, daß das Kleinkind auf dem Weg über das Unbewußte der Mutter schon in der Wiege an seiner Umgebung teilhat, wobei es gewissermaßen noch in die Psyche der Mutter eingebettet ist. Das ist die ideale Voraussetzung für einen telepathischen Kontakt zwischen den beiden. In der parapsychologischen Fachliteratur wird immer wieder betont, daß ein telepathischer Kontakt zwischen Eltern und Kind, insbesondere mit der Mutter, sehr häufig ist. Die Tests, die E. Spinelli 1976 in England durchgeführt hat, haben ergeben, daß Kinder im Alter von drei bis vier Jahren bei Versuchen mit übersinnlicher Wahrnehmung bedeutend besser abschnitten als Jugendliche und Erwachsene. Im allgemeinen schwindet die telepathische Verbindung, wenn das Kind älter wird. Indem es sein eigenes Ego entwickelt, löst es sich von den Eltern. Dabei verliert das telepathische Band allmählich seine lebenswichtige Funktion.*

In seinem Buch**»The ESP experience. A psychiatric validation« kommentiert Jan Ehrenwald diesen Prozeß. Er stellt zur Diskussion, ob nicht vielleicht die Mutter mit ihrer Psyche ein bestimmtes Verhalten des Kindes herausfordert, vor allem, wenn das Kind noch sehr klein ist. Er hält es für möglich, daß es letztlich die Mutter – und nicht das Baby selbst – ist, die mit ihrer psychi-

---

* E. Spinelli: Paper read to the annual Convention of the Parapsychological Association. In: Jan Ehrenwald: The ESP Experience A Psychiatric Validation. New York 1978
** Jan Ehrenwald: The ESP Experience. A Psychiatric Validation. New York 1978

schen Disposition das Lächeln des Säuglings erzeugt. Das scheint unsere Ansichten auf den Kopf zu stellen. Ehrenwald beruft sich auf seine Erfahrungen mit geistig behinderten Kindern. In Anwesenheit ihrer Mütter zeigen sich diese Kinder oft deutlich gelehriger, insbesondere dann, wenn die Mutter eine gute Leistung vom Kind erwartet. Wahrscheinlich liest das Kind unbewußt die Lösungen aus dem Unbewußten der Mutter ab, mit der es stark verbunden ist. Insofern antwortet nicht das Kind, sondern – unbewußt – die Mutter.

Telepathie, so Ehrenwald weiter, stellt gewissermaßen die embryonale Matrix dar (die mütterliche Hülle), die der Weitergabe von Information dient und die später durch das Sprachvermögen ersetzt wird. Sprache, das Unterscheiden abgegrenzter Begriffe, setzt ein *Ich* voraus. Eltern merken immer wieder, daß sie wissen oder fühlen, was mit ihrem Kind los ist. Wahrscheinlich ist diese Art des telepathischen Kontaktes notwendig, solange sich das Kind in der Säuglings- beziehungsweise der postembryonalen Phase befindet – es ist vollständig hilflos und muß im Vergleich mit den anderen hochentwickelten Säugetieren eigentlich noch als Ungeborenes betrachtet werden. Erst nach etwa neun bis zwölf Monaten beginnt es, selbständig zu werden.

In der weiteren Entwicklung lernt das Kind sprechen, und sein Ego beginnt, sich zu formen und abzugrenzen. Während dieses Prozesses löst sich allmählich die Symbiose mit der Mutter auf. Das Kind wird zur selbständigen Einheit, lösgelöst von der Mutter, entwickelt es seine eigene Identität – es grenzt sich ab, um von der Psyche der Eltern nicht beeinflußt zu werden. Es verläßt deren psychische Erfahrungswelt und baut seine eigene auf. Dies ist ein äußerst wichtiger Schritt in der Entwicklung des Kindes.

Mit dieser Entwicklung schwindet der telepathische Kontakt. Anscheinend errichtet das Kind psychische Barrieren, um damit störende Inhalte auszugrenzen. Dies geschieht, damit die Persönlichkeitsentfaltung auf stetige und unbeeinflußte Weise geschehen kann. Ehrenwald erklärt, daß bei Kindern, die diesen Schritt nicht vollziehen, ein erhöhtes Risiko für schizophrene Reaktionen oder bestimmte Formen von Autismus besteht. Hierzu muß jedoch bemerkt werden, daß Ehrenwald innerhalb einer Gesellschaft geforscht hat, die bis vor kurzem alles, was mit dem sogenannten Übernatürlichen zusammenhing, geleugnet, verdrängt oder als verrückt bezeichnet hat. Aus diesem Grunde mögen sich Menschen, die ihre Sensitivität für telepathische Prozesse bewahrt haben, möglicherweise gehütet haben, über diese Erfahrungen zu sprechen. Diese Vermutung bestätigt sich, wenn man die Aussagen von Hellsehern untersucht.

Eines Tages löst sich das Kind also von dem Unbewußten der Mutter, was man in gewisser Hinsicht als Geburt betrachten kann. Die *körperliche* Geburt, die Trennung von Mutter und Kind, wird mit dem Durchtrennen der Nabelschnur zur Tatsache. Die *psychische* Geburt findet einige Jahre später statt. Sobald das Kind einen bestimmten Grad in der Entwicklung seiner eigenen Identität erreicht hat, können wir von der psychischen Abnabelung sprechen. Dann ist es das Kind, das die Handlung vollzieht; erst nach dieser ist es wirklich ein eigenständiges Wesen. Es ist sich nun seiner selbst bewußt geworden und strebt jetzt danach, sich zu entfalten. Erst viel später, wenn es sein inneres Potential ausgelotet hat, kann ihm der Grund bewußt werden, in dem es wurzelt. So, wie das Kind bei der Geburt sein warmes Nest im Mutterleib verloren hat, verliert es nun, mit Beginn seiner Selbständigkeit, das anfänglich alles beherrschende Band mit dem kollektiven Hintergrund. Aber auch wenn das telepathische Vermögen von jetzt an zum verborgenen Talent wird – vollständig verschwinden wird es nicht.

PSI und Astrologie

Wie können wir das eben Angeführte mit der Astrologie verbinden? Wie wir gesehen haben, wird die Säuglingszeit mit ihrem symbiotischen Verhältnis zur Mutter im 12. Haus beschrieben. Wenn wir nun Ehrenwalds Gedanken fortführen, müßte dieses Haus auch bei übernatürlichen Prozessen und Erscheinungen eine große Rolle spielen. Die Analyse von vielen Horoskopen übernatürlich begabter Menschen hat ergeben, daß außer dem Planeten

Neptun das 12. Haus und sein Herrscher großen Einfluß ausüben. Alle Hellseher, deren Horoskope ich untersucht habe, hatten zuvor schon an Experimenten der Parapsychologischen Institute verschiedener Universitäten teilgenommen. An ihren Fähigkeiten bestand daher kein Zweifel. Ihre Horoskope sind insbesondere gekennzeichnet durch Spannungsaspekte von Neptun und dem Herrscher des 12. Hauses. Dies legt die Annahme nahe, daß die psychische Abnabelung nicht reibungslos vonstatten gegangen ist, womit ich sagen will, daß das Kind bei der Ausbildung des eigenen Ichs einen anderen als den üblichen Weg genommen hat: Es ist eine große Empfänglichkeit für äußere Einflüsse bestehen geblieben. Diese Einflüsse können im schlimmsten Fall das Bewußtsein untergraben und insofern eine Gefahr für die Persönlichkeitsentwicklung darstellen. Im Positiven bedeutet diese Empfänglichkeit, daß das Kind und später der Erwachsene mit einem tiefverwurzelten Mitgefühl der Umwelt gegenübertritt. Hier besteht ein Wissen und Verständnis, das nicht auf Worte angewiesen ist und das vieles voraussieht.

Wenn die negative Entwicklung einsetzt, kann dies vielerlei Ursachen haben. Die psychische Abnabelung setzt natürlich voraus, daß etwas vorhanden ist, wovon sich das Kind abnabeln kann. Mit anderen Worten: Es muß überhaupt ein Band mit der Mutter bestehen. Wenn die Mutter oder eine feste Bezugsperson fehlt, wenn das Kind sich oft einsam fühlt, weil zum Beispiel kein Kontakt zu den Eltern besteht oder diese dem Kind keine emotionale Zuwendung zukommen lassen, so erfährt das Kind nichts, was es später unterbrechen könnte. Die Möglichkeit, die Verbindung mit dem kollektiven Unbewußten aufrechtzuhalten, ist dann sehr groß, was dazu führt, daß eine erhöhte Empfänglichkeit für unbewußte und nonverbale Eindrücke zurückbleibt.

In der Parapsychologie weiß man, daß viele Hellseher, Wahrsager und andere sensitive Menschen eine schwierige Kindheit hatten. Die ersten Lebensjahre des Hellsehers Gerard Croiset zum Beispiel waren von chaotischen Umständen gekennzeichnet. In späteren Jahren hatte Croiset Probleme, sich irgendwo zuhausezufühlen, er zog häufig um und war oft allein. Es gibt aber auch Beispiele von übernatürlich begabten Menschen, die eine glückliche Kindheit hatten und die eigentlich die psychische Abnabelung hätten vollziehen können. Doch bestehen hier oft Traumata, die eine normale psychische Entwicklung verhinderten. Zum Beispiel hat das berühmte russische Medium Nina Kulagina in ihren ersten Lebensjahren sehr unter dem Elend der nachrevolutionären Zeit gelitten und wäre beinahe verhungert. Auch andere Berühmtheiten wie Uri Geller oder Matthew Manning, um nur zwei zu nennen, mußten in ihrer frühesten Kindheit traumatische Erfahrungen durchmachen. Es sind die Entbehrungen, Schwierigkeiten, Spannungen und Beschädigungen aus den ersten Jahren des Kindes, die wir im 12. Haus beziehungsweise in den Aspekten seines Herrschers wiederfinden. Dabei ist es unwesentlich, ob diese durch die Eltern «verschuldet» wurden oder nicht.

Eine sehr dominante Mutter, die dem Kind keinen Freiraum gibt, weil sie vielleicht selbst psychische Probleme hat, wird das Kind unbewußt an sich binden und so verhindern, daß dieses die psychische Abnabelung vollzieht. Ehrenwald nennt solche Mütter «die Hexen unserer Zeit». Er vergleicht dies mit der Tatsache, daß Kinder oft genau das ausleben, was von ihren Eltern unbewußt verdrängt wurde. Auch das ist eine Form der Telepathie, die sehr gut zum 12. Haus paßt. Ehrenwald und andere Psychiater und Parapsychologen betonen die Wichtigkeit der Verbindung mit der Mutter. Es gibt jedoch auch Forscher, die behaupten, daß der Vater oder irgendeine andere Person, die das Kind regelmäßig betreut, eine ähnliche Rolle spielen kann. Vor allem der Vater kann, wenn er mit seiner Frau sowohl bewußt als auch unbewußt verbunden ist, über ihr Unbewußtes sein Kind prägen. Aufgrund meiner mehr als 15jährigen Erfahrungen mit dem 12. Haus kann ich guten Gewissens die Feststellung machen, daß der Einfluß von Vater und Mutter in bezug auf das 12. Haus des Kindes in etwa gleich groß ist.

Das 12. Haus beschreibt, zusammengefaßt, unsere Verbindung mit dem kollektiven Unbewußten, mit dessen Hilfe wir in einer von Zeit und Raum unabhängigen Dimension mit allem und jedem verbunden sind. Innerhalb dieses Rahmens sind wir jedoch am empfänglichsten für das Unbewußte unserer Eltern, über das wir an der Welt teilnehmen. Diese unbewußte Bande müssen wir lösen, um unsere Bewußtseinsentwicklung, das Wachstum unseres Ichs und unsere Persönlichkeitsentfaltung nicht zu gefährden. Die psychische Abnabelung hat aber auch zur Folge, daß wir uns immer mehr vor dem kollektiven Ursprung und der Natur in uns selbst verschließen. Besteht die Verbindung fort, bleiben wir über unser Unbewußtes lebenslang mit Allem und Jedem verbunden, was sich auf vielerlei Art und Weise äußern kann. Dabei müssen wir uns vor Augen halten, daß diese Äußerungen nicht in jedem Falle negativ sein werden.

Betreibt man die Astrologie auf eine undifferenzierte Art, kommt man schnell dazu, das 12. Haus als das der Verluste abzustempeln. Legt man diese Betrachtungsweise zugrunde, ist es besser, wenn keine Planeten in diesem Haus stehen, weil mit ihnen unweigerlich Kummer und Sorgen verbunden wären. Das, wofür diese Planeten stehen, würde man verlieren, und es käme zu einer Menge Ärger. Diese und andere ähnlich unsinnige Urteile werden über Menschen gefällt, denen das «Unglück» von Planeten im 12. Haus zuteil wurde.

Glücklicherweise bewahrheiten sich solche Voraussagen selten oder nie. In der Praxis ergibt sich ein völlig anderes Bild. Was den Verlust betrifft: Dieser hängt ganz davon ab, wie man die Dinge sieht. Das 12. Haus *ist* unergründlich; es *ist* schwer zu erfassen. Seine Inhalte entziehen sich dem Bewußtsein – wir müssen uns gewissermaßen durch einen Nebelschleier zu ihnen vortasten. Aber ist das wirklich ein Verlust? Für unser Ego und unser Bewußtsein muß alles konkret, greifbar und deutlich voneinander zu unterscheiden sein – wir wollen die Dinge «in die Hand» nehmen. Eines aber ist sicher: Derart konkret wird sich das 12. Haus niemals auswirken, dies widerspricht seinem Wesen vollkommen. Das heißt aber noch lange nicht, daß wir alles verlieren, was mit diesem Haus in Verbindung steht. Im Gegenteil: Hier ruhen Planeten-Inhalte, die uns zu gegebener Zeit etwas vermitteln werden, was sich nur schwer umschreiben läßt und doch von wesentlicher Bedeutung ist.

Planeten im 12. Haus haben mit der unauflöslichen, unbewußten Verbindung zur Welt und zu unserer eigenen Natur zu tun. Sie können uns helfen, auf ungemein effektive Weise mit dem Unbewußten zu kommunizieren, ohne dabei auf das Bewußtsein zurückgreifen zu müssen. Oft konnte ich bemerken, wie sich Menschen mit vielen Planeten im 12. Haus auf gesellschaftliche Tendenzen einstellten, ohne sich dessen bewußt gewesen zu sein. Dies verschaffte ihnen, ohne daß sie dies eigentlich gewollt hätten, einen Vorsprung vor denen, die versuchten, zukünftige Tendenzen mit Hilfe von logischen Begründungen, statistischen Analysen oder durch Marktforschung zu ergründen. Die «12.-Haus-Menschen» taten in diesem Fall nur eines: Sie hörten auf eine innere Stimme und folgten dem, was in ihrem Inneren aufschien. Dabei wußten sie nicht um die Tragweite und Bedeutung ihres Handelns – aber das Leben ließ ihnen dann wie selbstverständlich eine Belohnung zukommen. Da war zum Beispiel ein Verleger, der aus heiterem Himmel beschloß, ein Buch herauszubringen zu einem Thema, welches kein öffentliches Interesse genoß. Der Mann kam lediglich einer inneren Eingebung nach. Und was geschah? Als das Buch erschien, wurde im Fernsehen dieses Thema behandelt, was die Nachfrage für das Buch enorm anregte. Der Verleger hatte nichts von den Vorbereitungen zu der Fernsehsendung gewußt, und es war für ihn kein Thema gewesen, ob sich das Buch würde verkaufen lassen. Er war einem Gefühl gefolgt, einer Stimme, einer Idee oder wie immer man es nennen möchte.

Die Zeit und das Leben strömen gewissermaßen durch die Menschen, deren Horoskop 12.-Haus-Planeten aufweisen, hindurch. Im positiven Falle geben sie – subtil, aber unverkennbar – der Zukunft eine Form. Sie sind und bleiben mit dem zeit- und raumlosen kollektiven Unbewußten verbunden, das auch die noch unbekannte Zukunft umfaßt. Diese Menschen haben die Fähigkeit, dem zukünftig Wichtigen Ausdruck zu verleihen – wenn sie sich ihrer unbegründbaren und nicht zu definierenden Eingebung hingeben. Auch das ebenfalls nicht näher zu beschreibende Sich-Einstimmen auf andere steht mit dem 12. Haus in Verbindung: ein Musiker, der sogleich erfühlt, wie das Publikum seine Musik hören will, der diesem Wunsch nachkommt und alle Zuhörer verzaubert. Das 12. Haus ist und bleibt ungreifbar. Wer aber dem gerecht wird, was es fordert, kann unschätzbare Werte in ihm finden. Und es bringt nicht zwangsläufig Verluste mit sich – im Gegenteil: Mit einem stark besetzten 12. Haus kann sogar großer materieller Gewinn einhergehen!

Kapitel 4

Wie wirken Planeten im 12. Haus?

Dualität

Das 12. Haus ist und bleibt ein «nebelhafter» Bereich, der vor allem mit unserer Verbindung zum kollektiven Unbewußten zu tun hat. Planeten in diesem Haus oder im Aspekt mit seinem Herrscher spiegeln empfindliche Stellen in uns, welche in erster Linie Folgeerscheinungen der unbewußten Interaktion mit der Umgebung im allgemeinen und mit dem Unbewußten der Eltern im besonderen sind. Diese Prozesse finden während der sogenannten mythischen Phase statt, die durchschnittlich bis zum sechsten oder siebten Lebensjahr dauert. Wie wir schon im Vorhergehenden feststellen konnten, sind besonders die ersten Jahre ausschlaggebend.

Planeten im 12. Haus oder im Aspekt zu dessen Herrscher haben die Neigung, auf unser Inneres belastend zu wirken. Sie können tiefe Einsichten und Verständnis für die Angelegenheiten und Vorgänge im Kollektiven und Universellen vermitteln, die das Individuelle weit übersteigen. Aber wenn wir diesen Dingen in der konkreten Welt Form geben wollen, geraten wir mit diesen Planeten zumindest anfänglich oft in Schwierigkeiten. Wir können diese Dinge zwar nach außen bringen, doch sind zumeist erst diverse Hemmungen zu überwinden oder andere Einstellungen anzunehmen.

Die mit diesen Inhalten verbundene Empfindlichkeit führt dazu, daß schon das Kind es vermeidet, über diese zu sprechen beziehungsweise sie in der Öffentlichkeit zum Ausdruck zu bringen. Oft geben die Eltern, die Familie oder andere Menschen aus der Umgebung dem Kind zu verstehen, daß die Äußerungen oder Verhaltensweisen unerwünscht sind, die mit dem Planeten im 12. Haus oder dem Aspekt zu dem Herrscher von Haus 12 in Verbindung stehen. Entweder wird dies in Form von Verboten oder Strafen deutlich gemacht, oder – häufiger noch – es findet sich eine Situation, in der das Kind durch die widersprüchliche Haltung seiner Umgebung in bezug auf einen bestimmten Inhalt verunsichert wird. Manchmal verrät die Haltung der Eltern oder anderer Menschen deutliche Ablehnung, während deren Worte das Gegenteil zu behaupten scheinen. Diese Zwiespältigkeit ist es, die die planetarischen Inhalte bezüglich des 12. Hauses beziehungsweise der Aspekte zum Herrscher von 12 am stärksten formt. Die Reaktion richtet sich nicht auf das Vorgeschobene, sondern auf die zugrundeliegende Haltung. Man spürt genau, ob das Gesagte mit dem Verhalten übereinstimmt.

Rollo May berichtet von dieser Diskrepanz in seinem Buch *»The meaning of anxiety«*.* Er berichtet von einer Untersuchung an dreizehn unverheirateten Müttern, die den Zusammenhang zwischen neurotischen Ängsten und elterlicher Ablehnung erforschen sollte. Seine bemerkenswerte Schlußfolgerung: Neurotische Ängste entstehen nicht durch die deutlich zutage tretende Ablehnung, sondern durch die Zurückweisung, die hinter vorgetäuschter Liebe und Sorge versteckt wird. Mit anderen Worten: Das Kind registriert sehr wohl die unbewußte Botschaft, die die Ablehnung beinhaltet, aber es kann diese nicht mit der scheinbaren äußeren Wirklichkeit in Einklang bringen, die sich in Aufmerksamkeit und vielen Geschenken äußert.

Bleibt diese Situation auch im bewußteren Teil der Kindheit bestehen, werden die Inhalte des 4. Hauses immer wichtiger. Die *Grundlagen* sind im 12. Haus abzulesen. Die Doppeldeutigkeit

---

* Rollo May: The Meaning of Anxiety. New York 1979

kommt oft, vor allem in den ersten Lebensjahren, zum Ausdruck, ohne daß Eltern und Umgebung sich ihrer bewußt sind. Das gilt insbesondere dann, wenn von einer «Lebenslüge» im Sinne Jungs gesprochen werden kann. Häufig habe ich aber auch erlebt, daß Planeten im 12. Haus oder im Aspekt zu seinem Herrscher sich auf die Großeltern oder andere früher geborene Familienmitglieder bezogen. Das Kind ist Teil der Familie, die Familiengeschichte findet sich in ihm – oft in seinem 12. Haus – wieder. So können Planeten im 12. Haus beziehungsweise Aspekte zum Herrscher von 12 sich auf den Lebenskampf der Eltern beziehen, der wiederum seine Ursache im Lebenskampf der Großeltern findet usw.

Wie dem auch sei: Doppeldeutigkeit kann das Kind dahingehend verunsichern, daß es Planeten im 12. Haus beziehungsweise Aspekte zum Herrscher von 12 nicht zum Ausdruck bringt. Es mag das Gefühl haben, mit den mit diesen Planeten in Zusammenhang stehenden Dingen nicht umgehen zu können und deshalb eine Unsicherheit verspüren. Möglicherweise entstehen die Probleme auch erst, weil die zugrundeliegende Angst unterdrückt wird. In diesem Fall lernt das Kind nicht, die betreffenden Inhalte im bewußten Leben zu bewältigen – es kommt dann dazu, daß sich die entsprechenden Inhalte auf problematischere Weise äußern. Diese Schwierigkeiten müssen aber nicht von bleibender Art sein – es gibt Möglichkeiten, diese Inhalte zu erschließen, wenn wir uns ihnen gegenüber offen zeigen.

Zusammenfassend können wir für Planeten im 12. Haus beziehungsweise Aspekte zum Herrscher von 12 folgende Richtlinien geben:

– Oft (nicht immer!) gehen sie mit Angst- oder Schuldgefühlen einher;

– oft traut sich der Mensch nicht, sie zum Ausdruck zu bringen;

– es besteht das Gefühl, sie nicht richtig oder gar nicht im Griff zu haben;

– man neigt dazu, im Hinblick auf diese Inhalte Abwehrmechanismen zu entwickeln oder ständig Ausweichmanöver durchzuführen;

– diese Inhalte bedeuten eine große Sensibilität und Verletz-
barkeit.

Ein Sonderfall liegt vor, wenn der Herrscher vom 12. Haus un-
aspektiert ist. In diesem Fall steht nur ein einziger Planet mit den
beschriebenen, spezifischen Merkmalen dieses Hauses in Verbindung. Der Herrscher von Haus 12 kann für den Betroffenen so
deutlich fühlbar sein, daß Unsicherheit, ausweichendes Verhalten
und Empfindlichkeit seinen Charakter prägen. Ein unaspektierter
Planet drückt dem Horoskop seinen Stempel auf.

Kinder, die mit einem unaspektierten Herrscher vom 12. Haus
geboren sind, haben in ihrer mythischen Phase oft unangenehme
oder unbegreifliche Erfahrungen gemacht, die einen verunsichern-
den Einfluß auf sie ausübten. In vielen Fällen handelt es sich dabei
um das Stillen. Ich habe mehrmals erlebt, daß eine Mutter ihr
Kind liebevoll und – ihrerseits – problemlos stillte, das Kind aber
viel weinte und nicht wuchs. Nach ein paar Monaten stellte sich
dann jeweils heraus, daß die Muttermilch zuwenig Nährstoffe enthielten und das Kind Hunger gelitten hatte. Wurde dann zusätzlich
die Flasche oder die erste feste Nahrung gegeben, verschwanden
diese Probleme sofort. Für die Mütter war dies natürlich ein
Schock, besonders dann, wenn sie nicht gewußt hatten, daß so etwas möglich war oder sie bei anderen Kindern keine Schwierigkeiten gehabt hatten. Auf diese Weise erlebte das ersehnte Kind einen unangenehmen, von Hunger, Weinen und einem Gefühl des
Nichtverstandenseins gekennzeichneten Lebensanfang. Es versteht
sich von selbst, daß ein derartiger Start ins Leben im Unbewußten
bis ins Erwachsenenalter hinein Folgen haben kann.

Ich habe auch Kinder mit einem unaspektierten Herrscher von
Haus 12 erlebt, deren Eltern, nachdem das Kind geboren war, erkennen mußten, daß sie sich auseinandergelebt hatten. In den
meisten Fällen bedeutete diese Entdeckung eine schwierige Phase, in der die Eltern in psychologischer Hinsicht hart arbeiten
mußten. Andere Beispiele, die übrigens auch bei Sonne oder
Mond im 12. Haus vorkommen, sind Krankenhausaufenthalte eines Elternteils oder des Kindes selbst sowie tiefgreifende Erfahrungen im Zusammenhang mit einem der Geschwister, was be-

deuten soll, daß die Eltern vielleicht eine Zeitlang nur «automatisch» funktioniert haben. Dies war zum Beispiel der Fall bei einem kleinen Mädchen, noch kein Jahr alt, dessen Bruder an einer Krebserkrankung starb.

Kennzeichnend für einen unaspektierten Herrscher des 12. Hauses ist also eine Unsicherheit bezüglich des Gefühlslebens und des Schutzbedürfnisses. Dabei muß es sich aber nicht um ein bleibendes Problem handeln. Häufig konnten die Eltern ihre psychischen Probleme lösen, oft gaben sich die Schwierigkeiten bei der Ernährung. Aber auch dann hatte das Kind eine Erfahrung gemacht, die seine Verletzlichkeit – die mit dem unaspektierten Herrscher von 12 gegeben ist – vergrößerte. Bisher habe ich in dieser Hinsicht noch immer beobachtet, daß es zumindest anfänglich zu Schwierigkeiten gekommen ist (was natürlich nicht heißt, daß es immer so sein muß). Im Hinblick auf die Auswirkungen müssen wir mit einer Art Tönung aus Unsicherheit und Sensibilität rechnen, die in mehr oder weniger starkem Maß die Äußerungen auch aller anderen Horoskop-Faktoren färbt.

Wir wollen uns nun aber wieder den Planeten im 12. Haus beziehungsweise im Aspekt zu dessen Herrscher zuwenden, wo noch weitaus mehr Zusammenhänge bestehen. Zum Beispiel haben wir mit diesen Planeten die Neigung, uns unbewußt gerade in solche Situationen zu begeben, die wir bewußt vermeiden wollen. Wir scheinen diese Situationen geradezu magnetisch anzuziehen und werden so ständig mit den Dingen konfrontiert, denen wir auszuweichen versuchten. Je stärker unsere Abwehrmechanismen entwickelt sind, desto schmerzlicher wird dieser Vorgang.

Vielleicht ist es dieser Sachverhalt, der die «verborgenen Feinde» mit dem 12. Haus in Zusammenhang bringt. Wir sehen dessen Inhalte nicht als unsere eigenen und sind geneigt, sie auf die Außenwelt zu projizieren. Auf uns unbegreifliche Weise begegnen wir ihnen dann immer wieder als Projektionen. Das macht es uns einfach, die Schuld bei anderen und deren vermeintlich unbewußten Motiven zu suchen. Diese Sichtweise erlaubt es uns, den Zusammenhang mit uns selbst zu ignorieren. In Wirklichkeit lehrt uns das 12. Haus aber, daß wir selbst unsere eigenen heimlichen

Widersacher sind. Dies gilt so lange, bis wir begreifen, was dieses Haus wirklich beinhaltet.

Aus der Gabe, unbeabsichtigt bestimmte Situationen herbeizuführen, ergeben sich noch andere Möglichkeiten. Unter dem Einfluß von Planeten, die mit dem 12. Haus in Verbindung stehen, mag man sich in Situationen wiederfinden, die man nicht bewußt gesucht hat, in denen man sich aber erstaunlich gut zurechtfinden kann. So kann zum Beispiel jemand mit Merkur im 12. Haus sich auf einmal als Journalist, bei einem Herausgeber oder im Handel oder Buchhandel wiederfinden und auch ohne bewußte Entscheidung in dieser Branche bleiben. Dies muß nicht mit Widerwillen geschehen, sondern kann durchaus mit viel Freude verbunden sein. Es geht hierbei um das Gefühl, vom Leben irgendwohin getragen zu werden, dort zu bleiben und damit zufrieden zu sein. Dies stellt die angenehme Seite des 12. Hauses dar: Läßt man die Dinge auf sich zukommen, so gerät man oft ohne große Anstrengung oder auch nur zufällig auf den richtigen Weg.

Als Händler kauft man dann zum Beispiel genau die Waren ein, die sich plötzlich gut verkaufen. Dabei wird dieser Händler aber das Gefühl haben, seinem Merkur im 12. Haus nicht richtig Ausdruck verleihen zu können, was eines der Merkmale von Planeten ist, die mit diesem Haus verbunden sind: Es ist schwierig, ihnen bewußt Gestalt zu geben. Das führt zu dem Gefühl, auf der Suche zu sein. Mit diesem kann man auf zwei verschiedene Arten umgehen: Entweder sucht man unbewußt immer wieder Situationen auf, die einen zwingen, dem Inhalt aller Unsicherheit zum Trotz Form zu verleihen, oder man flieht vor den Schwierigkeiten, womit man sich abhängig von der Außenwelt macht. Gewöhnlich findet sich schließlich ein Mittelweg, wenn man durch Schaden klug geworden ist.

Da man Planeten im 12. Haus oder im Aspekt zu dessen Herrscher oft nicht auf die übliche Weise in den Griff bekommt, neigt man dazu, sie in der Einsamkeit zum Ausdruck zu bringen. Auch hier gilt wieder, daß man sich dieses Vorgangs nicht bewußt ist. Allerdings geben die betreffenden Planeten häufig brauchbare Hinweise auf die Beschäftigungen einer Person, wenn sie allein ist. Es mag seltsam klingen, aber Menschen mit einem stark betonten 12. Haus, das ja traditionell als das der Einsamkeit gilt, langweilen sich fast nie. Gerade in der Abgeschiedenheit sind diese Menschen oft sehr beschäftigt, weil dort die Unsicherheit gegenüber der Außenwelt wegfällt. Jemand mit Mars im 12. Haus wird zum Beispiel vor Tatendrang bersten, wenn er allein ist.

Weil die mit dem 12. Haus verbundenen Planeten für uns mit Unsicherheit verbunden oder einfach ungreifbar sein können, besteht die Gefahr, daß wir uns in den mit ihnen zusammenhängenden Bereichen schnell gekränkt oder bedroht fühlen. Wir ziehen uns dann in unser Schneckenhaus zurück und geben so gut wie nichts von uns. Wenn die Inhalte dieser Planeten uns stark beschäftigen, merken wir häufig nicht einmal, daß unsere Umgebung sich belästigt fühlt. Ein Beispiel: Mit dem Mond im 12. Haus sind wir emotional sehr verletzlich, können das aber nur schwer direkt zum Ausdruck bringen. Wir können allerdings mit unseren Emotionen und Launen der Umgebung sehr zur Last fallen. Man findet uns dann unausgeglichen oder wirft uns vor, daß wir uns überall einmischen und ständig Aufmerksamkeit fordern, um nur einige Beispiele zu nennen. Wir selbst dagegen sehen unser Verhalten nicht als außergewöhnlich an! Erst wenn wir unsere Verletzlichkeit und ihren Einfluß auf unsere Haltung wahrnehmen, können wir unsere Gefühle auf eine harmonische und ausgeglichene Weise zum Ausdruck bringen.

So schwer es uns fällt, Inhalte von Planeten im 12. Haus oder im Aspekt zu dessen Herrscher in verwundbarer Direktheit auszudrücken, so leicht ist uns der indirekte Ausdruck, der keine persönliche Beziehung zum andern voraussetzt. Zum Beispiel hat jemand mit Mond oder Venus im 12. Haus oft große Schwierigkeiten, Zuneigung oder Zärtlichkeit zum Ausdruck zu bringen. Dieser Mensch benötigt dafür Zeit oder auch eine passende Atmosphäre; wenn die Umstände nicht stimmen, ist er gehemmt oder blockiert – ohne daß man erkennen könnte, weshalb, ist er «zu». Eine nebensächliche Bemerkung des anderen oder ein an sich unwichtiges Detail können bei diesem Menschen, der so verletzlich ist, große Folgen haben. Aber auch wenn die Empfindlichkeit nicht offensichtlich ist, heißt das nicht, daß sie nicht vorhanden ist. Diese Haltung beruht im Gegenteil auf der übergroßen Empfindlichkeit, welche oft gar nicht auf persönliche Art zum Ausdruck zu bringen ist. Manchmal kommt es dabei zu Widersprüchen, so zum Beispiel, wenn man es nicht schafft, auf dem Sofa den Arm um die Person neben sich zu legen, aber mit den Tränen kämpft, wenn das Fernsehen über irgendeine Katastrophe berichtet. Die Unsicherheit kann also zu Problemen in der persönlichen Umgebung führen – auch wenn das Vermögen, anderen zu helfen, schon entwickelt ist.

Das Einfühlungsvermögen, das *Mit*leid mit anderen, zeichnet den geborenen Sozialarbeiter aus, der die Nöte der Anderen wirklich lindern kann. Dieser besitzt meist ein ausgeprägtes Bedürfnis, seinen unterdrückten und notleidenden Mitmenschen zu helfen. Fürsorge, Entwicklungshilfe, Tier- und Naturschutz, die Arbeit mit Drogenabhängigen, Obdachlosen oder Flüchtlingen usw. haben für Menschen mit einem stark betonten 12. Haus meist eine große Anziehungskraft. Hier können sie das Mitgefühl ausleben, das sie erfüllt und das in persönlichen Beziehungen so schnell blockiert wird. Diese Menschen wissen, daß sie ihre Empfindsamkeit benutzen können, um anderen zu helfen, und daß sie auf diese Weise doch noch zu Anerkennung und Liebe finden können. Dieses Bewußtsein kann der erste Schritt in Richtung auf ein zunehmendes Selbstvertrauen sein. So gewappnet, kann man lernen, die mit dem 12. Haus in Beziehung stehenden Planeten auch im persönlichen Bereich immer besser und direkter zum Ausdruck zu bringen.

Aufopferung

Seit jeher betrachtet man das 12. Haus als den Bereich der Opferbereitschaft, in dem wir uns selbst verleugnen und uns uneigennützig für höhere Ideale einsetzen. Auch finden wir hier die Los- und Auflösung der Persönlichkeit sowie alle Formen von Realitätsverlust. Diese Extreme sind allesamt zurückzuführen auf das Bedürfnis, das Einssein zu erleben. Wie wir bereits angeführt haben, wird mit dem 12. Haus unser Band mit dem kollektiven

Unbewußten beschrieben, jener Teil unserer Psyche, der uns mit dem Leben an sich, mit allem und jedem, verbindet. Hier gibt es weder Zeit noch Raum; alles existiert in einem ewigen Jetzt, auch wenn unser Bewußtsein nicht in der Lage ist, sich dieses vorzustellen. Wir können diese Einheit nicht in Worte fassen oder gar erklären – wir können sie nur erfahren. Zu bestimmten Zeiten drängt sich diese Erfahrung jedem von uns auf; vertraut und wirklich ist sie insbesondere für den Menschen mit einem starken Fische-Einfluß, zum Beispiel einem stark gestellten Neptun oder einem betonten 12. Haus. Im kollektiven Unbewußten sind wir eins mit der Welt, mit Vergangenheit und Zukunft. Irgendwo in uns spüren wir den Drang, diese Einheit bewußt zu erfahren. Haben wir diese Erfahrung gemacht, bedeutet Alleinsein nicht mehr Einsamkeit; dann werden wir durch unsere Verbundenheit mit allem getragen. Diese Erfahrung haben wir schon unbewußt im Säuglingsalter gemacht.

Wenn wir diese Verbundenheit an der Wurzel unseres individuellen Seins erleben, ist es egal, ob wir uns selbst oder einem anderen helfen – letztlich ist alles eins. Die im 12. Haus beschriebene Neigung zur Selbstaufopferung muß keine Auflösung der Persönlichkeit bewirken; sie kann auch eine sehr persönliche Gestaltung des Kollektiven in uns bedeuten. Um nur ein paar häufig zu registrierende Beispiele zu geben: Jemand kann sich voller Hingabe der Entwicklungshilfe, dem klösterlichen Leben oder einer anderen Form der religiösen Aktivität widmen.

Der Drang zum Erleben dieses grundsätzlichen Einsseins hat auch seine gefährlichen Seiten. Der Drogen- oder Alkoholrausch kann uns für kurze Zeit die Illusion der Einheit vermitteln – zumindest führt er dazu, daß wir uns über unsere Grenzen nicht mehr im klaren sind, was uns vielleicht ein Gefühl der Freiheit verschafft. Dies ist aber keine Befreiung – dies ist nicht die innerlich erkämpfte Fähigkeit, Einheit mit und Liebe zu dem Ganzen aus einem tiefen Verständnis heraus zu erfahren. Das Mittel, mit dem wir dieses zeitlich begrenzte Gefühl der Befreiung hervorrufen, kann uns aber sehr wohl süchtig machen. Darum fällt auch die Sucht in den Bereich des 12. Hauses.

Nun ist die im allgemeinen gesellschaftlich nicht akzeptierte Alkohol- und Drogensucht nicht die einzige Form der Abhängigkeit, die potentiell mit dem 12. Haus einhergeht. *Jede* Sucht gehört dazu – jede Sucht kann letztendlich zur Auflösung der Persönlichkeit führen. So zum Beispiel die Faszination durch eine Sekte, die verlangt, daß man alles aufgibt oder die mit Methoden arbeitet, die der Gehirnwäsche gleichkommen. Manche Menschen werden sogar süchtig nach gesellschaftlich hochgeschätzten Eigenschaften wie zum Beispiel ... der Opferbereitschaft. Tag und Nacht sind sie bereit, anderen zu helfen, was sehr nobel anmutet. Wenn dies jedoch zur Flucht gerät, nur um nicht man selbst zu sein, nur um keine Verantwortung für das eigene Leben tragen zu müssen, und wenn man dieses Verhalten nicht mehr ablegen kann, dann wirkt es ebenso zersetzend wie jede andere Form der Sucht. Das 12. Haus bietet viele Wege, auf denen man vor sich selbst weglaufen kann. Daher werden auch Selbsttäuschung, das Festhalten an irgendwelchen utopischen Ideen und überhaupt die Neigung zum Irrealen diesem Haus zugeschrieben. Seinem Wesen nach kennt es keine Begrenzungen. Ob man nun süchtig ist, sich selbst zu opfern, Alkohol in großen Mengen zu trinken oder auch stur eine dogmatische Weltanschauung zu vertreten – die Basis dieser Abhängigkeit ist das auf eine falsche Weise befriedigte Bedürfnis, das Einssein zu erfahren.

Die Verbindung zur unsichtbaren Welt ist ebenfalls Thema des 12. Hauses. Unter dem Begriff «unsichtbare Welt» fasse ich zur Vereinfachung all die Dinge zusammen, die wir nicht begründen oder erklären können, die aber vielleicht trotzdem eine wichtige Rolle in unserem Leben spielen. Hierbei kann es sich um ein Religiösität handeln oder um ein Gefühl des Einseins mit der Welt oder dem Kosmos, um übersinnliche Wahrnehmungen oder die Arbeit mit (noch) nicht erforschten Energien und psychischen Prozessen. Es kann auch um Träume gehen, um Hypnose, Meditation, Symbolik, die Welt der Mythen, Märchen und Legenden, aktive Imagination usw. Dies alles hängt mit dem 12. Haus zusammen. Die mit ihm und seinem Herrscher verbundenen Planeten sind ausgezeichnet dazu geeignet, diesen Dingen Form zu geben. Hier kommen wir zum kreativen Aspekt des 12. Hauses: Es bietet uns die anfangs noch unentwickelte Möglichkeit, unser Leben um eine Dimension zu bereichern. Durch dieses Haus finden wir – innerlich oder äußerlich – Hilfe und Unterstützung, um uns in schwierigen Zeiten über Wasser zu halten. Wie wir später noch sehen werden, spielt auch hierbei das Erlebnis des Einsseins eine Rolle.

Die unsichtbare Welt ist im objektiven Sinne sicherlich nicht konkret. Wir können sie aber im täglichen Leben kreativ zur Anwendung bringen, wenn wir einen Schritt in Richtung des 12. Hauses machen und Voraussetzungen schaffen, um sie zu Wort kommen zu lassen. Darauf werden wir in einem späteren Kapitel noch näher eingehen.

Kapitel 5

Ist alles vorherbestimmt?

Aus dem Bericht von Hetty Heyster, einer meiner Schülerinnen:

Ich wurde während des 2. Weltkrieges geboren. Meine Mutter lebte während der Schwangerschaft in panischer Angst vor Bombenangriffen. Wenn sie nur den Lärm der näherkommenden Flugzeuge hörte, geriet sie vollkommen aus dem Häuschen. Ich habe eine Konjunktion von Mond und Pluto im 12. Haus, wobei der Mond auch der Herrscher dieses Hauses ist. Ich selbst bin überempfindlich gegen Lärm. Lärm weckt Angst in mir. Die Geräusche anderer Menschen empfinde ich als sehr störend. Wenn meine Nachbarn ihr Radio spielen lassen, kann mich das vollständig blockieren.

In jedem meiner Workshops über das 12. Haus kamen ähnliche Erfahrungen zutage. Sie bestätigten immer wieder meine Vermutung, daß das 12. Haus neben der mythischen Phase auch den letzten Teil der Schwangerschaft – vielleicht auch diese insgesamt – beschreibt.

Normalerweise haben wir keine Erinnerungen an diese Zeit. Die Forschungen von Dr. Thomas R. Verny und John Kelly haben ergeben, daß die Erfahrungen der vorgeburtlichen Periode sich aber bis weit ins Erwachsenenalter hinein auswirken. In ihrem Buch *»Das Seelenleben des Ungeborenen«* bringen sie eine Anzahl eindeutiger Beispiele. Eines betrifft einen Mann, der über heftige Angstanfälle, begleitet von Wutausbrüchen, klagte. Dieser Mann wandte sich an den deutschen Arzt Dr. Paul Bick, einen Pionier auf dem Gebiet der Hypnose-Therapie, welcher ihn unter Hypnose in die Zeit zurückführte, als er als Embryo in der Gebärmutter gewesen war. In Trance berichtete der Mann in ruhigem Tonfall von allerlei Begebenheiten dieser Phase. Als er zum siebten Schwangerschaftsmonat kam, geriet er in Panik, und seine Stimme bekam einen gepreßten Klang. Er sagte, daß ihm heiß würde und daß er große Angst verspürte. Für Dr. Bick stand fest, daß an diesem Punkt der Schwangerschaft etwas passiert sein mußte, was mit den Angstanfällen und Wutausbrüchen des Mannes zusammenhing. Nach langem Zureden verriet die Mutter des Patienten schließlich in einem unangenehmen Gespräch, was geschehen war: Sie hatte im siebten Monat versucht, die Schwangerschaft abzubrechen und zu diesem Zweck glühendheiße Bäder genommen.*

Es gibt aber auch angenehme Erfahrungen. Mütter, die während der Schwangerschaft ihrem Kind regelmäßig dasselbe Lied vorgesungen haben, werden nach der Geburt feststellen, daß diese Melodie eine geradezu magische und ungemein beruhigende Wirkung auf das Neugeborene hat. Das Kind wird die Stimme des Vaters unter Tausenden heraushören, wenn dieser während der Schwangerschaft regelmäßig am Bauch der werdenden Mutter mit ihm gesprochen hat. Mit Recht folgern Verny und Kelly deshalb, daß in dieser Periode die Basis für zumindest einige Interessen und Ängste gelegt wird.

In astrologischer Hinsicht gibt es zu diesem Zeitpunkt noch kein Horoskop – dieses muß gewissermaßen selbst noch geboren werden. Früher oder später taucht hier die alte Frage nach dem Huhn und dem Ei auf: Was war zuerst da? Planeten im 12. Haus oder im Aspekt zu dessen Herrscher können uns Informationen über die mythische Phase des Kindes geben, vielleicht sogar über die Situation der Eltern in der letzten Phase der Schwangerschaft. Also scheint das Horoskop schon zu «funktionieren», ehe das Kind überhaupt zur Welt gekommen ist. Wird man nun aufgrund seiner Erfahrungen mit einem bestimmten Horoskop geboren oder macht man diese Erfahrungen, weil das Horoskop eine gewisse

---

* Thomas R. Verny und John Kelly: Das Seelenleben des Ungeborenen. München 1981 (Rogner und Bernhardt)

59

Struktur aufweist? Bei meinen Vorträgen und Kursen kommt es regelmäßig zu folgenden Fragen: Wenn das Horoskop schon vor der Geburt festliegt, wie kann es dann die ungelebte Seite der Eltern beschreiben? Steht denn schon vor der Geburt fest, mit welchen Problemen das Kind sich später konfrontiert sehen wird? Oder entsteht ein Horoskop dadurch, daß die Probleme der Eltern schon vor der Geburt so stark auf das Kind einwirken? Ist es vielleicht eine Frage der Vererbung? Und was ist mit Frühgeburten, Adoptivkindern und der künstlichen Befruchtung?

Diese Fragen sind schwer zu beantworten, unter anderem deshalb, weil wir uns hier dem Bereich der Weltanschauung und des Glaubens nähern. Mancher wird an diesem Punkt von Karma sprechen, was für Leute, die nicht an Karma und Reinkarnation glauben, ziemlich unbefriedigend ist. Ich werde mich hier nicht mit dem weltanschaulichen Aspekt befassen. Das Horoskop ist eigentlich nichts weiter als eine Momentaufnahme des Himmels. Sie kann sich auf die Geburt eines Menschen, genausogut aber auf die einer Kuh oder auf einen Konferenzbeschluß beziehen. Aus dem Horoskop selbst läßt sich nicht ablesen, ob es um einen Menschen geht, was bei der Interpretation zu beachten ist. Ich will mich an dieser Stelle auf die Wiedergabe meiner praktischen Erfahrungen beschränken und es dem Leser überlassen, welche Schlußfolgerungen er für sich aus ihnen zieht.

Wenn wir also davon ausgehen, daß die Erfahrungen der letzten Monate im Mutterleib und damit auch die unbewußten Inhalte der Eltern, die unbewußte Umgebung usw. sich im 12. Haus wiederspiegeln, können wir – mit aller Vorsicht – unterstellen, daß ein Horoskop schon vor der Geburt «funktioniert». Die Erfahrungen mit meinen eigenen Kindern haben mich in dieser Überzeugung bestärkt. Bei meiner ersten Schwangerschaft hatte die Hebamme den 20. September als voraussichtlichen Geburtstermin errechnet, was auf ein Jungfrau-Kind hindeutete. Seit ich wußte, daß ich schwanger war, hatte ich alle wichtigen Momente notiert, die irgendwie mit dem Kind zusammenhingen, zum Beispiel, wenn Freunde anriefen, um sich nach meinem Befinden zu erkundigen. In den ersten drei Monaten der Schwangerschaft aspektierten in diesen Momenten die Himmelsmitte oder der Aszendent regelmäßig meinen Pluto oder meinen Aszendenten. Mit anderen Worten: Jedesmal, wenn sich ein Gespräch um das Kind drehte, stand einer der vier Eckpunkte (Aszendent, Deszendent, Himmelsmitte oder Mitternachtspunkt) exakt auf meinem Pluto oder auf meinem Aszendenten oder im Aspekt dazu. In den ersten drei Monaten spielte also mein eigenes Horoskop eine wichtige Rolle. Das wurde im Laufe des vierten Monats anders. Von diesem Zeitpunkt an lagen die Eckpunkte häufig auf den Achsen Widder/Waage und Löwe/Wassermann. Das war nicht nur der Fall, wenn wir uns in Gedanken mit dem Kind beschäftigten (zum Beispiel bei der Wahl des Namens oder des Textes für die Geburtsanzeige), sondern auch bei konkreten Anlässen wie dem Kauf eines Kinderwagens. Auch wenn das Kind sich stark bewegte, lag eine Betonung dieser beiden Achsen vor. Bei einer Reihe von Begebenheiten ging es sogar um einen sehr engen Bereich: 10 und 11 Grad auf der Achse Widder/Waage und die letzten Grade der Achse Löwe/Wassermann. Dies ließ uns vermuten, daß das Kind später als erwartet und nicht im Zeichen Jungfrau, sondern in der Waage zur Welt kommen würde. Eine amüsante Begebenheit am Rande: Die Schrifttype, die uns für die Geburtsanzeige am besten gefiel, trug den Namen *Libra!* Endlich wurde das Kind geboren. Es war ein Junge mit der Sonne auf 11 Grad in der Waage und einem Aszendenten in den letzten Graden des Zeichens Wassermann.

Beim zweiten Kind war es ähnlich. Auch hier gab es in den ersten drei Monaten Berührungen mit meinem Horoskop (wobei insbesondere wieder der Aszendent und Pluto betroffen waren). Diese Situation änderte sich wieder im Laufe des vierten Monats, wenn auch mein Aszendent weiterhin häufig angesprochen war. Der errechnete Geburtstermin war der 18. Februar, was auf einen Wassermann hindeutete. Ich habe einen Fische-Aszendenten, und unsere Tochter wurde in diesem Zeichen geboren. Also hatte sich jeweils in diesen auffälligen Momente nicht mein Aszendent, sondern ihr Sonnenzeichen bemerkbar gemacht! Die Eckpunkte hatten auffällig oft auf der Achse Krebs/Steinbock gelegen. Da ich während dieser Schwangerschaft unter starken Rücken- und Nervenschmerzen litt, hatte ich angenommen, daß das Kind vielleicht zu früh zur Welt kommen und die Sonne in den letzten Steinbock-Graden haben würde. Es kam ganz anders: Unsere Tochter wurde ein Fische-Kind mit dem Aszendenten in den letzten Graden des Zeichens Krebs!

Andere Astrologen, mit denen ich hierüber sprach, haben ähnliche Erfahrungen gesammelt. Es sieht tatsächlich so aus, als ob die Eltern und auch das Kind selbst schon auf etwas reagieren, was erst noch zu einem Horoskop werden muß. Wenn auch das Horoskop selbst noch gar nicht existiert und erst noch «geboren» werden muß, wissen Eltern und Kind unbewußt schon längst davon. Die Frage, ob das Horoskop des Kindes als Folge bestimmter Erfahrungen entsteht oder ob wir unbewußt einfach den richtigen Geburtsmoment kennen und darum schon auf das Horoskop reagieren, scheint mir noch nicht zu beantworten zu sein. Festzuhalten bleibt aber, daß das Kind in Übereinstimmung mit einem Horoskop reagiert, das erst noch entstehen muß.

Aber ist das auch so bei Kindern, deren Geburt künstlich eingeleitet wird? Ich kenne nur einen Fall genauer, was zu wenig ist, um daraus Schlüsse zu ziehen. In diesem Zusammenhang möchte ich anmerken, daß auch astrologisch Interessierte leider nur selten während einer Schwangerschaft Ereignisse und Zeitangaben fixieren!

Was Horoskope von Kindern angeht, deren Geburt künstlich eingeleitet wurde oder die mit einem Kaiserschnitt zur Welt kamen, läßt sich die Feststellung treffen, daß das 12. Haus sehr treffend deren mythische Phase und Sensibilität beschreibt. Dabei scheint es manchmal nichts oder nur wenig auszumachen, ob man durch einen künstlichen Eingriff zur Welt gekommen ist oder nicht; in anderen Fällen scheinen Aszendent oder Mondposition bei Kindern, deren Geburt eingeleitet wurde, oft nicht richtig mit dem Familienbild übereinzustimmen. Das letzte Wort ist hier noch nicht gesprochen.

Adoptivkinder passen häufig sehr gut zu den astrologischen Bildern der Pflegeeltern, auch in bezug auf das 12. Haus. Dies gilt vor allem für Kinder, die schon als Baby adoptiert wurden; bei älteren Kindern sind die Übereinstimmungen weniger deutlich. Das Adoptivkind scheint – unter welchen Umständen auch immer – genau dort zu landen, wo es hingehört. C. G. Jungs Ideen über Synchronizität gehen von einem latenten Sinn des Seins aus, dem zufolge wir uns immer in der Situation finden, die zu unserer Psyche paßt. Wir scheinen diese anzuziehen, so zufällig sie auf den ersten Blick auch anmutet. Die Tatsache, daß die Horoskope von Adoptivkindern oft so gut zum astrologischen Gesamtbild der Pflegeeltern passen, bestätigt dies nachhaltig.

Im Vorhergehenden haben wir uns auf die Rolle der Eltern oder die der Pflegeeltern beschränkt. Die Erfahrung lehrt, daß das Kind auch auf das Unbewußte einer dritten Person reagiert, wenn diese es für längere Zeit versorgt. Wenn zum Beispiel ein Baby nach sechs oder acht Wochen in eine Kindertagesstätte gebracht wird, so wird auch die Psyche der Pflegerin maßgebend, allerdings nur dann, wenn sie wirklich eine Elternrolle übernimmt und es sich nicht um einen gelegentlichen Besuch handelt.

Zusammenfassend können wir sagen, daß das Ungeborene schon auf das Horoskop reagiert, das erst noch entstehen muß. Dies trifft auch für Kinder zu, deren Geburt künstlich eingeleitet wird. Dieses Prinzip erweist sich darüber hinaus auch bei Adoptivkindern als wirksam. Daneben kann durch die intensive Betreuung einer dritten Person das 12. Haus nachhaltig berührt sein.

Im 12. Haus geht es also oft um Angelegenheiten, die bei den Eltern unbewußt eine Rolle spielen und für die auch das Kind empfänglich ist. Nehmen wir an, daß es sich hierbei um ein Problem handelt. Wird dieses auch dann das Kind beeinflussen, wenn die Eltern sich im Laufe der Zeit der Schwierigkeit bewußt werden, sie akzeptieren und lösen? Oder wird das Kind das Problem weiter mit sich herumtragen? Können wir bei einem kritisch aspektierten Herrscher von 12 des Kindes davon ausgehen, daß es den Eltern nicht gelingen wird, das Problem zu lösen? Kann man dies überhaupt aus dem Horoskop ersehen? Kann man anhand der Horoskope nacheinander geborener Kinder verfolgen, wie sich die ungelebten Seiten der Eltern verändern? Finden sich im 12. Haus noch andere Einflüsse als die der Eltern oder der Bezugspersonen?

Die letzte Frage ist bereits beantwortet worden. Um noch einmal zur Frage der «Schuld» zu kommen: Wir stehen unter dem Einfluß so vieler verschiedener Faktoren, daß diese Frage eigentlich sinnlos ist. Wir können unseren Eltern keine Vorwürfe machen über das, was wir in unserem 12. Haus vorfinden. Hat zum Beispiel ein Kind Pluto im 12. Haus, kann das bedeuten, daß ein Elternteil mit einem tiefgreifenden plutonischen Prozeß beschäftigt war oder daß sich beide in einer Krise befanden. Man könnte sich zum Beispiel vorstellen, daß Vater und Mutter in den ersten Lebensjahren des Kindes bei den Großeltern gelebt haben, wobei vielleicht ein Großelternteil durch eine überaus dominante Haltung ständige Spannung hervorgerufen hat. Möglicherweise sind auch während der Schwangerschaft oder zum Zeitpunkt der Geburt Sterbefälle in der Familie aufgetreten – die Themen Leben und Tod gehören schließlich zum Bereich des Planeten Pluto. Im positiven Sinne kann Pluto im 12. Haus auch bedeuten, daß einer der Eltern ein latentes, unbewußtes Talent auf plutonischem Gebiet hat. So kenne ich jemanden mit dieser Pluto-Position, dessen Mutter in späten Jahren Psychologie studiert hat, wodurch sie sich sehr zu ihrem Vorteil veränderte. Hier bestand eine latente Gabe, die noch entwickelt werden mußte.

Venus im 12. Haus zeigt nicht unbedingt heimliche Liebschaften an, wie es in vielen Büchern heißt. Es kann sein, daß in diesem Fall die Eltern eine schwierige Beziehung hatten. Ebensogut ist aber möglich, daß ein Elternteil ein noch unentwickeltes künstlerisches Talent besaß. Auch hierzu ein Beispiel: Als ein inzwischen erwachsenes Mädchen (mit der Venus im 12. Haus) zu malen begann, tat es ihr, «nur so zum Spaß», die Mutter gleich. Inzwischen ist die Malerei für die Mutter zum Lebensinhalt geworden; sie hat deren Lebensgefühl sehr positiv beeinflußt. Und das, was sie malt, kann sich sehen lassen!

Horoskop-Inhalte können auf vielfältige Art und Weise zum Ausdruck kommen. Es ist unmöglich, alle mit gleicher Intensität auszuleben – irgend etwas sinkt immer notgedrungen ins Unbewußte. Manchmal verdrängt man etwas ganz bewußt, manchmal ergibt es sich in der Hektik des alltäglichen Lebens. Viele Menschen, die kleine Kinder haben, sind damit beschäftigt, ihre Karriere aufzubauen. In einer solchen Periode ist keine Zeit für bestimmte psychische Faktoren wie zum Beispiel Talente oder auch Probleme. Das ist ganz normal und hat nichts mit Schuld zu tun. Man löst seine Probleme nicht dadurch, daß man sich als Elternteil Schuldgefühle einredet, welche das Kind mit Sicherheit auffangen würde. Schuldgefühle dienen sehr oft auch als «Blitzableiter» – wenn man glaubt, sich dem eigentlichen Problem nicht mehr zuwenden zu müssen. Ich möchte hier nachdrücklich darauf hinweisen, daß wir die Verantwortung für unsere Taten tragen. Die verbreitete saturnische Vorstellung von Ursache und Wirkung und von Schuld und Buße läßt sich nicht gut mit dem kollektiven Charakter dieses Horoskop-Hauses vereinbaren. Wie immer das 12. Haus im Horoskop unserer Kinder auch aussehen mag – es ist und bleibt ein ungemein komplexes Gebiet. Wenn wir es als den Eingang zur Quelle des Lebens auffassen, können wir durch unser Verhalten unseren Kindern helfen, den Zugang zu ihrer eigenen inneren Quelle zu finden. Umgekehrt können unsere Kinder uns zu unseren Träumen, Idealen, Sehnsüchten und verborgenen Talenten zurückführen, die wir selbst vergessen haben oder von denen wir vielleicht noch gar nichts wissen.

In früheren Jahren musizierte ich gern und liebte es zu zeichnen und Gedichte zu schreiben. Durch Familie und Arbeit ziemlich ausgelastet, gab ich diese Beschäftigungen irgendwann auf. «Man kann nicht alles haben», dachte ich und schloß erst einmal mit diesen Formen der Kreativität ab. Ich hörte zwar noch immer Musik, spielte aber nicht mehr. Ich vermißte dies eigentlich auch nicht sehr, bis meine Tochter geboren wurde. In ihrem Horoskop steht der Herrscher des 12. Hauses in Konjunktion zur Venus. Meine Tochter hat ein ausgezeichnetes musikalisches Gehör; sie singt und tanzt gerne und führt mich auf spielerische Weise immer wieder zurück in jene Welt, die ich nicht mehr nötig zu haben glaubte. Meine Tochter ist es, die mich bittet, ein Lied auf dem Klavier zu spielen, die mit mir zusammen singen und tanzen will. Und ich genieße das. Sie hat mir einen Inhalt gezeigt, von dem ich zu früh Abschied genommen hatte. Jetzt wird mir klar, daß ich ihn sehr wohl vermißt habe! In meiner Familie kommt der Zusammenhang von Venus und dem 12. Haus in beispielhafter Form zum Ausdruck. Mein Großvater mütterlicherseits konnte wunderbar zeichnen, hat dieses Talent aber nie entwickelt. Meine Mutter hat den Herrscher von 12 im 2. Haus, was oftmals auf (vererbte) künstlerische Fähigkeiten hinweist. Im Alter wurde sie auf künstlerischem Gebiet sehr aktiv und fertigt nun die schönsten Gegenstände. Dieses Talent hatte sie zur Zeit meiner Geburt noch nicht entwickelt – der Herrscher von 12 steht in meinem Horoskop im Quadrat zur Venus!

Kinder können in dieser Beziehung wertvolle und direkte Hilfe leisten, zum Beispiel, indem sie durch ihr Verhalten und ihre Wünsche Schwierigkeiten deutlich werden lassen, die man selbst verdrängt hat. Das kann mitunter unangenehm sein. Was hier passiert, hängt letztlich von der eigenen Bereitschaft ab, das Problem wirklich zu durchdringen. Weist das Kind auf einen bestimmten Charakterzug hin, vor dem man selbst Angst hat und den man nicht wahrhaben will, besteht die Möglichkeit, daß das Kind diese Angst auch in sich entwickelt. Ein Beispiel: Ein Mann mit Neptun im 12. Haus war übernatürlich begabt, hatte aber schreckliche Angst vor diesem Talent. Eines seiner Kinder besaß die gleiche Neptun-Position – es konnte seine Gedanken lesen! Der Vater hat das Kind psychisch zugrunde gerichtet und begreift heute noch nicht, warum es so viele Ängste und Phobien entwickelt hat. Hier ist also eine negative Wirkungsweise des 12. Hauses zu beobachten.

Es ist nicht möglich, aus dem Horoskop abzulesen, ob jemand den Bedürfnissen seines 12. Hauses auf konstruktive oder destruktive Weise Ausdruck verleihen wird. Das 12. Haus spiegelt lediglich das vorhandene Potential wider. Dem Kind hier beizustehen ist für die Eltern eine der wichtigsten Aufgaben. Durch ihr Wesen und ihr gutes Beispiel können sie das Kind lehren, auf mehr oder weniger entspannte und angstfreie Weise mit den Inhalten seines 12. Hauses umzugehen. Dabei können sie auch für sich selbst eine Menge erfahren.

Wenn die Eltern im Lauf der Zeit ihren Problemen und deren Konsequenzen ins Auge sehen und versuchen, diese zu bewältigen, wird das auch auf das Kind Einfluß haben. Dabei spielt das Alter des Kindes keine Rolle, weil es unbewußt mit den Eltern verbunden bleibt. Das kann zu bemerkenswerten Ereignissen führen, wie Frances Wickes in ihrem Buch *»Analyse der Kindes-seele«* an einem Beispiel deutlich macht. Eine verzweifelte Mutter, deren Sohn sie verlassen hatte, war zu ihr gekommen. Sie warf ihrem Sohn vor, daß sie ihm ihr ganzes Leben gewidmet, alles für ihn getan und ein Leben geführt hätte, das überhaupt nicht das ihre gewesen wäre. Am liebsten hätte sie sich umgebracht, doch die kleine Chance, daß er zurückkommen und sie dann brauchen könnte, hielt sie davon ab. Sie ging zur Analyse und nach einer schwierigen Periode harter Traumarbeit kam der Moment, in dem sie sich, während einer Sitzung, veränderte. Auf einmal wurde ihr bewußt, daß sie ein eigenes Leben führen konnte und durfte. Sie sagte:

Ich werde den roten Faden meines eigenen Lebens wieder auf-nehmen. Ich werde lernen, es zu leben, auch wenn ich meinen Sohn niemals wiedersehen sollte. Meine Trauer wird mich nie verlassen, doch wird es mein *Leben sein.*

Die Uhr schlug zwölf, als die Sitzung beendet war. Drei Tage spä-ter erhielt die Mutter einen Brief, geschrieben am Tage ihres Ent-schlusses, mit folgendem Wortlaut:

Liebe Mutter, ich sitze hier auf einem Hügel, 3000 Meilen von Dir entfernt. Gerade schlug eine Turmuhr neun, und plötzlich fühlte ich, wie eine uralte Angst, die ich schon immer mit mir herumgetragen habe, von mir abfiel. Ich komme wieder nach Hause.

Es war zwölf Uhr, als die Mutter ihre Entscheidung getroffen hatte – dort, wo der Sohn seine Befreiung erlebte, war es in diesem Mo-ment aufgrund der Zeitverschiebung neun...

Da ein Kind immer etwas von seinen Eltern in sich hat, ist es für gewöhnlich hilfreich, wenn diese an sich selbst arbeiten. Aller-dings hat das Kind seinen eigenen Charakter, und es wird irgend-wann selbst die Entscheidungen in seinem Leben treffen und Probleme entweder in Angriff nehmen oder vor sich herschieben. Wenn das Kind es – in unseren Augen – im Leben nicht sehr weit bringt, kann man dafür nicht die Eltern verantwortlich machen.

Mehrfach habe ich mit Eltern gesprochen, die wirklich versuchten, mit ihren Schwierigkeiten ins reine zu kommen und die trotz aller Angst und Unsicherheit den Kampf nicht scheuten. Diese beklagten sich manchmal: »Es scheint, als ob unser Kind die Probleme noch einmal von Grund auf bewältigen muß, so, als hätte sich bei uns nichts verändert.« Sie selbst hatten zwar durchaus eine Wandlung mitgemacht – wir als Eltern aber dürfen unseren Kindern nicht das Recht absprechen, zu straucheln oder zu fallen. Die Kinder müssen sich einmal selbst ihren Weg durchs Leben bahnen. Treffen sie dabei auf ein der elterlichen Problematik verwandtes Hindernis, scheint es tatsächlich so, als müßten sie noch einmal von vorne anfangen. Aber das 12. Haus ist «verschleiert»; was sich hinter dem Schleier abspielt, sehen wir nicht. Kommen die Eltern mit ihrem Problem ins reine, so öffnen sie eine verborgene Tür für das Kind und jeden anderen, der in diesem Augenblick nach dem Eingang sucht. Es muß nicht sofort zu spektakulären Resultaten kommen – aber der Samen ist gelegt, aus dem etwas wachsen wird.

Auch in dem Fall, daß die Eltern nicht an sich arbeiten, kann sich das Kind aus der elterlichen Problematik lösen – es ist dieser nicht bis ans Ende der Zeit ausgeliefert. Die Horoskope – von den Eltern oder vom Kind – geben nicht an, ob erstere sich mit den problematischen Themen auseinandersetzen werden. Ein Kind mit großen Konflikten im Bereich des 12. Hauses kann durchaus Eltern haben, die fortwährend an sich arbeiten. Umgekehrt ist es möglich, daß die Eltern eines Kindes mit einem unproblematischen 12. Haus sich weiterhin an ihre «fromme» Lebenslüge halten und nichts auflösen.

Alle Verbindungen zum 12. Haus – ob harmonischer oder unharmonischer Natur – haben mit frühen Kindheitserfahrungen zu tun. Die harmonischen verweisen längst nicht immer auf verborgene Talente und die disharmonischen nicht unbedingt auf verdrängte Probleme der Eltern. Auch bei harmonischen Aspekten habe ich oft mit großer Unsicherheit verbundene Problemsituationen beobachten können. Zunächst müssen wir also betrachten, welche Inhalte mit dem 12. Haus verbunden sind. Diese werden im allgemeinen als etwas Unsicheres oder auch Lästiges empfunden; sie können aber auch dazu dienen, eine neue Form der Sicherheit zu entwickeln.

Nehmen wir einmal an, jemand hätte gerne Medizin studieren und Arzt werden wollen, es wegen der Umstände aber nicht tun können. Nachdem eine Familie gegründet worden war, war das Studium erst recht unmöglich geworden. In diesem Falle könnte es gut sein, daß bei einem der Kinder Jupiter (oder der Herrscher von 12) im 12. Haus steht oder dieser dessen Herrscher aspektiert. Das muß dann nicht bedeuten, daß das Kind ebenfalls den Wunsch haben wird, Arzt zu werden oder daß sich diesbezüglich wieder Probleme ergeben. Wenn die psychische Situation eines Elternteils beim Kind ein bestimmtes Bedürfnismuster zur Auslösung bringt, können *alle* Wirkungsmöglichkeiten dieses Musters (beziehungsweise Planeten) zum Ausdruck kommen. Beim Kind wird Jupiter im Bereich des 12. Hauses in Erscheinung treten. Vielleicht will dieses später tatsächlich Arzt an einem (großen) Krankenhaus werden, aber ebenfalls denkbar wäre, daß es Weltreisen unternimmt, um die Probleme der Dritten Welt lösen zu helfen. Für das jeweilige Bedürfnismuster bestehen ungemein viele Manifestationsmöglichkeiten, weshalb sich nicht dasselbe Bild wie bei den Eltern ergeben muß.

Wenn das ungelebte Leben der Eltern beziehungsweise der Bezugsperson auch Probleme hervorruft, erschließt es doch auch neue Dimensionen. Es gibt keine Konstellation, die nur gut oder schlecht wäre – alle tragen beides in sich. Das gilt auch für die Trigone oder die Quadrate zum Herrscher des 12. Hauses. Betrachten wir in diesem Licht einmal die Frage, ob sich eine Entwicklung der Eltern möglicherweise aus den Horoskopen der Kinder ablesen läßt. Es ist sehr schwierig, in dieser Hinsicht irgendwelche Schlüsse zu ziehen. Allerdings läßt sich anhand der Horoskope feststellen, wie die Situation beschaffen ist, die die Kinder mit ihrem Unbewußten wahrnehmen. Wird ein Kind mit einem stark besetzten 12. Haus geboren, finden innerhalb der Familie einige hintergründige Veränderungen statt, die kurze Zeit darauf vielleicht offensichtlich werden. Dabei muß es nicht immer zu Krisen oder Ausbrüchen kommen. Ich habe festgestellt, daß kleine Kinder mit einem stark besetzten 12. Haus oft in einer problembeladenen Atmosphäre aufwachsen. In einigen Fällen sind diese Schwierigkeiten offensichtlich, in anderen spielen sie sich eher unter der Oberfläche ab. Manche werden sehr gut verarbeitet, andere nicht. Das Endergebnis läßt sich nicht aus dem 12. Haus des Kindes erschließen.

Nachdem wir uns in diesem Kapitel eingehend mit der Rolle der Eltern beschäftigt haben, werden wir das 12. Haus nun in einem größeren Zusammenhang betrachten.

Kapitel 6

Yin und Yang im Allgemeinen
oder
die Eltern im Besonderen

Im vorigen Kapitel haben wir festgestellt, daß das 12. Haus des Horoskops eines Kindes Informationen über das ungelebte Leben der Eltern sowie über die unterschwelligen Einflüsse enthält, die es als Neugeborenes umgeben. Es erhebt sich die Frage, ob man aus dem Horoskop auch ableiten kann, wie die Eltern in Wirklichkeit waren. Damit treten wir in die alte astrologische Diskussion ein, wo im Horoskop die Eltern beschrieben sind.

Der klassischen Auffassung zufolge steht der Mond für die Mutter und die Sonne für den Vater; daneben soll Saturn mit dem Vater verbunden sein und die Venus mit der Mutter. Außerdem spielen die Häuser 10 und 4 eine wichtige Rolle. Während der eine Astrologe den Vater im 10. Haus und die Mutter im 4. Haus sieht, betrachten andere die Sache genau umgekehrt und suchen die Mutter im 10., den Vater im 4. Haus. Wieder andere sind zu der Überzeugung gelangt, daß der dominierende Elternteil im 10. und der andere im 4. Haus zu suchen ist. Daraus folgt, daß wir Astrologen uns zwar über die Zuweisung der Planeten in bezug auf die Eltern einig sind, aber im Hinblick auf die Häuser keine einheitliche Meinung herrscht.

Diese Unstimmigkeit ist in der Annahme begründet, daß ein klarer Unterschied zwischen den beiden Elternteilen gemacht werden könne. Natürlich unterscheiden sich das männliche und das weibliche Prinzip – auf deren Polarität basiert alles Leben. Doch wie das chinesische Symbol von Yin und Yang deutlich macht, ist das eine immer Teil des anderen. Der Jungianischen Psychologie zufolge enthält die männliche Psyche einen weiblichen Teil und die weibliche Psyche einen männlichen. Edward Whitmont, ein jungianischer Analytiker, bemerkte hierzu, daß männliche und weibliche Kennzeichen – Hormone, Organe, archetypische Inhalte, Komplexe und Charakterzüge – unlösbar mit den Lebensfunktionen *beider* Geschlechter verbunden sind. Ob jemand ein Mann oder eine Frau ist, hängt lediglich von der relativen Dominanz der einen Geschlechtsmerkmale über die anderen ab. Das dominierende Geschlecht prägt das Bewußtsein, die elementare psychische Struktur sowie die körperlichen Geschlechtsmerkmale. Die Merkmale des anderen Geschlechts werden zurückgedrängt und fungieren als unbewußtes Potential. Jung nannte das weibliche Potential im Unbewußten des Mannes dessen Anima und das unbewußte männliche Potential der Frau deren Animus.

Ohne allzu tief auf die Problematik von Animus und Anima einzugehen, muß doch darauf hingewiesen werden, daß jungianische Psychologen betonen, wie wichtig es ist, daß der Mann mit seiner Anima-Funktion in Kontakt ist, sie akzeptiert und ihr Raum gibt. Für die Frau und ihre Animus-Funktion gilt dasselbe. Daß Animus und Anima sich für beide Geschlechter auf verschiedenartige Weise auswirken, ist hier von zweitrangiger Bedeutung. Wichtig ist nur, daß wir mit dem «anderen Geschlecht» in unserer Psyche ins reine zu kommen versuchen. Im Hinblick auf das chinesische Symbol heißt das: Das Weiße sollte seinen «schwarzen Fleck» nicht ablehnen, sondern seinen Wert zu schätzen lernen, wie auch die schwarze Fläche ihren «weißen Fleck» integrieren muß. Dieses Symbol beleuchtet das Prinzip der Integration.

Es ist für uns von vitaler Bedeutung, unseren unbewußten Teil kennenzulernen, ihn zu respektieren und zu integrieren – er spielt eine wichtige Rolle in unseren Beziehungen und Kontakten zu und mit der Außenwelt. Wenn ein Mann seinen weiblichen Persönlichkeitsanteil nicht begreift oder respektiert oder ihn verleugnet, wird er diesen Teil seiner selbst nicht weiterentwickeln. Da es in diesem

Fall sehr leicht zu Projektionen kommt, wird dieser Mann Gefahr laufen, ein unentwickeltes Bild auf das Weibliche außerhalb seiner selbst zu werfen; er wird möglicherweise unangemessene Erwartungen pflegen, eine unangepaßte Haltung an den Tag legen und dadurch auch überzogene Reaktionen hervorrufen. Das kann ihm alle Kontakte zu Frauen erschweren, ob es sich dabei um seine Mutter, Schwester, Partnerin, Tochter, Lehrerin oder Sekretärin handelt. Auch in Kontakten mit Männern kann sich dieses Verhalten auswirken. Hier ist dann zu beobachten, daß unbewußt eine eher unangenehme Atmosphäre geschaffen wird. Wie dem auch sei – solange im Inneren kein Gleichgewicht zwischen dem männlichen und dem weiblichen Teil besteht, wird diese Unausgeglichenheit sich äußerlich manifestieren. Dann werden wir uns immer wieder in Situationen finden (uns unbewußt in diese hineinmanövrieren?), die dem Gesamtbild unserer Psyche genau entsprechen. Das bedeutet, daß ein Mann mit einer unentwickelten Anima-Funktion sich sehr leicht in eine Frau verlieben kann, die – wie er auch – kein inneres Gleichgewicht besitzt. Wenn auch die Animus-Funktion auf andere Weise zum Ausdruck kommt als die Anima-Funktion, gilt das eben Angeführte doch auch für die Frau. Wenn sie ihren Animus, ihr inneres männliches Potential, nicht zur Entfaltung bringt, kann das ihre Handlungsfähigkeit beeinträchtigen. Zum vertiefenden Studium dieser Sachverhalte sei hingewiesen auf die Bücher »Animus und Anima« von Emma Jung* und »Unsere unsichtbaren Partner« von John A. Sanford**.

Will man eine astrologische Theorie aufstellen, muß man sich all dies vor Augen führen. Wie ergeht es letztendlich dem Kind, dessen Sonne im 12. Haus steht? Steht die Sonne nun für den Vater oder auch für den unbewußten männlichen Teil der Mutter? Symbolisiert der Mond wirklich die Mutter, oder kann er auch die unbewußte weibliche Seite des Vaters darstellen? Oder anders ausgedrückt: Gibt uns der Mond ganz allgemein Informationen zum Thema des Weiblichen, in bezug auf die ganze Familie, oder be-

---

* Emma Jung: Animus und Anima. Fellbach-Oeffingen 1990 (Verlag Adolf Bonz)
** John A. Sanford: Unsere unsichtbaren Partner. Von den verborgenen Quellen des Verliebtseins. Interlaken (Schweiz) 1990 (Ansata)

schreibt er nur die Mutter? Hat der Mond möglicherweise gar nichts mit den Stimmungen in der Umgebung des Kindes zu tun – beschreibt er vielleicht nur die angeborene Reaktionsweise auf die Mutter und auf das weibliche Prinzip schlechthin? In den folgenden Abschnitten werde ich diese Fragen aufgrund meiner praktischen Erfahrungen zu beantworten versuchen.

Noch eine letzte Bemerkung zum Zusammenhang zwischen den Eltern und dem Horoskop: Ein Neugeborenes scheint in den ersten Monaten keinen wesentlichen Unterschied zu machen zwischen Vater und Mutter oder einer anderen festen Bezugsperson (wenn auch vom archetypischen Standpunkt aus die Mutter eine überaus wichtige Rolle spielt). Folgende Beobachtungen lassen dies erkennen: Befindet sich ein Baby von ein paar Monaten in der Obhut eines Elternteils und verläßt der andere Elternteil den Raum, so wird das Kind dem keine Beachtung schenken. Bei einem Kleinkind von anderthalb Jahren sieht das ganz anders aus. Auch wenn es sich bei dem einen Elternteil geborgen fühlt, wird das Weggehen des anderen heftige Reaktionen hervorrufen. In diesem Alter ist der Unterschied zwischen den Personen und ihrer jeweiligen Bedeutung dem Kind schon viel bewußter geworden. Anfangs wird also eine Einheit erfahren, die später bezüglich der Einzelpersonen differenziert wird. Die anfangs vom Kind erfahrene vollkommene Einheit rechtfertigt meiner Ansicht nach die Behauptung, daß beide Elternteile in den Häusern 4 und 10 beschrieben werden, daß also nicht ein Elternteil nur einem bestimmten Haus zuzuordnen ist.

Die Erkenntnisse der Jungianischen Psychologie weisen in die gleiche Richtung. Es ist schwierig, einen deutlichen Unterschied zu erkennen, wenn in der Psyche beider Geschlechter auch das jeweils andere Geschlecht sowohl innerlich wie auch äußerlich wirksam ist, zumal es wohl keiner Diskussion bedarf, daß Mann und Frau auf vielerlei Weise aufeinander einwirken. Ein sehr plastisches, häufig angeführtes Beispiel ist die Frau, die ihre eigene Triebkraft auf ihren Mann projiziert, den sie zu harter Arbeit und zu einer großen Karriere anspornt, damit später sein Glanz auch auf sie abstrahlen wird. In diesem Fall ist schwer auszumachen, wer von den beiden eigentlich der dominante Elternteil ist beziehungsweise wer dem 10. Haus zugeordnet werden müßte. Auch im Falle einer Verbindung zwischen einem «bedauernswerten» Elternteil, der völlig unselbständig oder oft krank ist und auch sonst nur wenig Energie zeigt und dem «starken» Partner, der alle Verantwortung auf sich nimmt, ist die Entscheidung schwerer zu fällen als zunächst gedacht. Ein körperlicher oder psychischer Mangel kann ein Mittel des Unbewußten sein, um den Partner zu manipulieren oder in eine bestimmte Situation zu drängen, aus der es keinen Ausweg gibt. Man könnte hier von einer unterschwelligen Dominanz sprechen. Welcher der beiden ist dann der Stärkere? Wer muß dem 4. und wer dem 10. Haus zugeordnet werden? Die Erfahrung hat mich gelehrt, daß die Zuweisung der Häuser von Fall zu Fall verschieden ist und daß in den meisten Fällen beide Eltern mit beiden Häusern verbunden sind.

Nach dieser natürlich beschränkten theoretischen Erörterung will ich nun einige meiner praktischen Erfahrungen darlegen. In den folgenden Abschnitten werde ich zunächst die Verbindung zwischen dem 12. Haus und Sonne, Mond und Saturn im Hinblick auf das Vater-Mutter-Thema betrachten. Danach werde ich auf diese Verbindungen in einem allgemeineren Zusammenhang eingehen. Auch dabei wird der Akzent auf den praktischen Erfahrungen liegen.

Die Sonne im 12. Haus oder im Aspekt zu dessen Herrscher

Immer wieder habe ich festgestellt, daß der Vater bei Kindern mit dieser Stellung in deren frühesten Kindheit beziehungsweise in einer wichtigen Periode der ersten Lebensjahre eine undeutliche, eher hintergründige oder auch gar keine Rolle gespielt hat. Das kann verschiedene Ursachen haben, und im allgemeinen sollten wir die guten Absichten der Eltern nicht in Zweifel ziehen. Einige Ursachen treten bei Horoskop-Besprechungen oder bei Workshops über das 12. Haus immer wieder zutage. So kann es sein, daß der

Vater kurz vor der Geburt oder während der ersten Lebensjahre des Kindes verstorben ist. Auch Scheidungen der Eltern sind häufig zu beobachten. In diesen beiden Fällen fehlt dem Kind nicht nur der väterliche Einfluß – darüber hinaus wird es wahrscheinlich über die symbiotische Verbindung zu der Mutter auch Anteil an deren aus dieser Situation resultierenden Problemen nehmen. In jedem Fall bleibt festzuhalten, daß das Kind ein Problem im Zusammenhang mit dem männlichen Prinzip erfährt. Doch auch der Vater, der jeden Tag pünktlich nach der Arbeit nach Hause kommt und seine Verpflichtungen gegenüber der Familie erfüllt, kann ein Kind mit der Sonne im 12. Haus haben. In einigen Fällen kann das mit einem Desinteresse gegenüber Kindern zusammenhängen. Vielleicht fürchtet er insgeheim auch um die Aufmerksamkeit seiner Frau. Manchmal hört man auch von einem Vater, der zu Hause immer nur arbeitet und immer am Schreibtisch sitzt, oder der zu Hause trinkt oder auf keine Weise in das Familienleben zu integrieren ist. Damit kommen wir zur Rolle der Mutter, denn oftmals bezieht sich die Sonne im 12. Haus auch auf eine sehr dominante Mutter, welche dem Vater keinen Raum gibt, ihn bei den Kindern nicht zuläßt oder die die Kinder so sehr als ihren eigenen Besitz betrachtet und für sich fordert, daß der Vater sie psychisch nicht mehr erreichen kann.

Auch andere Zusammenhänge sind möglich. Manchmal werden Kinder in einer Phase geboren, in der die Eltern gerade ihre Existenz aufbauen. Wenn sie zum Beispiel ein eigenes Geschäft gründen, wird das mit sich bringen, daß der Vater sehr schwer arbeiten muß. Ich habe mit Vätern von Kindern mit einer 12.-Haus-Sonne gesprochen, die ganz bewußt in den ersten Lebensjahren ihres Kindes sehr hart gearbeitet haben. Sie sagten: »In den ersten Jahren braucht das Kind die Mutter sowieso viel mehr als den Vater. Wenn ich jetzt hart arbeite, habe ich mehr Zeit für die Kinder, wenn sie etwas älter sind und mich wirklich brauchen.« Keine schlechte Überlegung, sollte man meinen. Aber die Sonne des Kindes im 12. Haus zeigt, daß es Probleme bezüglich des väterlichen Einflusses gibt, wenn dies vielleicht auch nicht offensichtlich sein mag.

Mir sind allerdings auch Fälle begegnet, in denen beide Eltern sehr glücklich mit dem Kind waren, sich viel mit ihm beschäftigten und auch keinerlei Schwierigkeiten im Hinblick auf die Ehe bestanden. Hier stellte sich dann oft heraus, daß ein Elternteil zur Zeit der Geburt sich sehr stark mit seinem eigenen Vaterproblem auseinandersetzte – ob auf innerliche Weise oder in einem Streit mit dem Vater. Das kann sich sowohl auf die Mutter wie auf den Vater des Kindes beziehen. Und manchmal war es auch vorgekommen, daß ein Elternteil in der frühen Lebensphase des Kindes stark mit der eigenen Individualität beschäftigt war, also eine mehr oder weniger stark ausgeprägte Identitätskrise erlebt hat.

Häufig war zu beobachten, daß der Vater sich während der ersten Lebensjahre des Kindes im Krankenhaus oder Sanatorium befand, also aus einem Grund nicht zuhause war, der zu Sorgen Anlaß gab. Auch das Kind selbst kann während dieser Phase im Krankenhaus gewesen sein und sich dadurch in seiner Geborgenheit bedroht gefühlt haben. Es gibt noch eine Vielzahl anderer Möglichkeiten, von denen viele problematischer Natur sind. In Fällen, die mit keinen größeren Probleme verbunden sind, verdankte das Kind sein 12. Haus ganz einfach einem starken Fische-Einfluß, den es von dem Vater oder von der Mutter oder von beiden geerbt hatte, zum Beispiel, wenn der Vater die Sonne, den Mond oder den Aszendenten in den Fischen hatte.

Ich möchte noch einmal nachdrücklich darauf hinweisen, daß die Eltern keinerlei Schuld trifft, wenn ein Kind mit der Sonne im 12. Haus in Schwierigkeiten kommt, wie zum Beispiel bei einem Krankenhausaufenthalt. Das gilt auch dann, wenn das Kind familientypische Charakterzüge erbt oder zu einem Zeitpunkt geboren wird, an dem die Eltern sich in einem tiefgreifenden psychischen Entwicklungsprozeß befinden. Wenn die Eltern diesen Prozeß ehrlich zulassen, kann diese Entwicklung für das Kind sogar von großem Vorteil sein. Natürlich gibt es Fälle von Verwahrlosung, an denen die Eltern die Schuld tragen – Eltern aber die 12.-Haus-Sonne ihres Kindes «vorwerfen» kann man nicht.

Diese kurze Reihe von Beispielen zeigt, daß wir anhand des 12. Hauses einige Schlußfolgerungen über die ersten Jahre des Kindes (und eventuell über die Zeit im Mutterleib) ziehen können. Es ist jedoch unmöglich anzugeben, was genau geschehen ist. Ebensowenig geht es bei der Sonne im 12. Haus oder im Aspekt zu dessen Herrscher *immer* um die Person des Vaters – es kann sich auch um einen Aspekt des mütterlichen Verhaltens handeln. Die Sonne verweist in dieser Position nicht ausschließlich auf den Vater; sie deutet vielmehr auf eine Vielzahl von unterschiedlichen Erscheinungen.

Saturn im 12. Haus oder im Aspekt zu dessen Herrscher

Saturn im 12. Haus oder im Aspekt zu dessen Herrscher findet sich auffällig oft bei Kindern, deren Vater in den ersten Lebensjahren nicht oder nur selten anwesend war – was der Auswirkung der Sonne im 12. Haus ähnelt. Aber es gibt maßgebliche Unterschiede. In einigen Fällen konnte ich feststellen, daß ein Elternteil sozusagen aus Mangel an innerem Rückgrat nicht wirklich sein eigenes Leben führte, sondern beim anderen Elternteil Halt suchte. Manchmal war auch zu beobachten, daß sich hinter einer starren Persönlichkeit Versagensängste verbargen. Durch diese Haltungen wurde der Konflikt von den Eltern zwar verdrängt, vom Neugeborenen aber über das psychische Band aufgenommen. In anderen Fällen ging es um ein Problem beider Elternteile: Der eine suchte Halt beim anderen, wodurch er Kraft schöpfte, während der andere sich mit der Position des Helfers identifizierte und damit sein Gefühl innerer Ohnmacht maskierte. In der Praxis macht es keinen Unterschied, ob es sich hierbei um den Vater oder die Mutter handelt – Saturn im 12. Haus kann sich auf beide beziehen.

Die Sonne im 12. Haus bedeutet oft Probleme mit der Identität, Schwierigkeiten bezüglich des Gefühls, man selbst zu sein. Im Gegensatz dazu zielt Saturn im 12. Haus oder im Aspekt zu dessen Herrscher eher auf das innere Rückgrat; hier geht es darum, in der Form, die man seinem Leben geben will, und in der Struktur, innerhalb derer man wirklich man selbst sein kann, eine gewisse Stabilität zu entwickeln.

Wie die Sonne findet sich auch Saturn oft im 12. Haus von Kindern, bei denen ein Elternteil gerade eine Problemsituation mit den eigenen Eltern erlebte oder verarbeitete. Auch mit dem Mond in diesem Haus tritt dies nicht selten auf, während andere Planeten fast nie auf diese Problematik hindeuten.

Saturn im 12. Haus oder im Aspekt zum Herrscher von 12 kann auch mit einem verdrängten Gefühl der Einsamkeit oder Minderwertigkeit zusammenhängen. Im Gespräch mit Müttern von Kindern mit dieser Stellung erwies sich wiederholt, daß diese sehr unzufrieden mit ihren Lebensbedingungen waren. Es handelt sich hier oft um «grüne Witwen», die in einem abgelegenen oder öden Dorf wohnen, weit weg vom Arbeitsplatz des Mannes, der sie des Morgens früh verläßt und erst spät abends wieder zurückkehrt. Wenn dann die Kinder in der Schule sind, greift die Mutter in depressiver Verfassung vielleicht zur Sherryflasche, um ihre Einsamkeit zu ertränken.

Manchmal drückt sich diese Saturnstellung auch ganz konkret in erbbedingten körperlichen Merkmalen aus. Ich bekam einmal Kenntnis von einem Fall, wo ein Kind mit einer verkrümmten Wirbelsäule geboren wurde – seine Eltern hatten Zeit ihres Lebens selbst große Probleme mit diesem Körperteil gehabt. Ein anderes Beispiel ist das eines Kindes mit verwachsenen Füßen, was auch schon bei einem Großelternteil vorgekommen war. Diese extremen körperlichen Auswirkungen gehören aber zu den Ausnahmen. Allerdings haben mir regelmäßig Menschen, bei denen eine Verbindung von Saturn und dem 12. Haus bestand, von kalten Füßen und/oder Rückenschmerzen berichtet. Irgendein Zusammenhang wird hier wohl vorhanden sein.

Im Zusammenspiel von Saturn und dem 12. Haus sind also wieder eine ganze Reihe von Problemen möglich. Es gibt aber auch Ausnahmen. Einmal sprach ich mit einer Kollegin, die einer Familie entstammte, in der alle Kinder mit Saturn im 12. Haus geboren waren. Sie konnte sich nicht an irgendein Problem erinnern und hatte sich immer recht wohl gefühlt. Natürlich sind bewußte Zeugnisse von meist unbewußt erlebten Prozessen mit Vorsicht zu genießen, doch ich halte dieses Beispiel für wichtig genug, um es zu erwähnen. Es ist sehr unwahrscheinlich (wenn auch nicht unmöglich), daß bei den Eltern in all den Jahren, während sich ihre Kinder in der mythischen Phase befanden, ein und dasselbe Problem eine Rolle spielte. Eine denkbare Erklärung wäre, daß die Kinder von den Eltern ein Persönlichkeitsmerkmal geerbt haben, welches für diese kein Problem darstellte, weil sie es unbewußt in ihre Persönlichkeiten integriert hatten. Das bedeutet also, daß, auch wenn es in den meisten Fällen zu problematischen Situationen kommt, das Gegenteil nicht ausgeschlossen ist.

Der Mond im 12. Haus oder im Aspekt zu dessen Herrscher

Was für die Sonne im 12. Haus gilt, trifft im wesentlichen auch auf den Mond in diesem Haus zu. Der Mond im 12. Haus oder im Aspekt zu dessen Herrscher bezieht sich allerdings häufiger auf die Situation der Mutter (während die Sonne öfter auf den Vater verweist). Den Mond finde ich häufig in Verbindung mit dem 12. Haus, wenn das Kind in den ersten Lebensjahren das Mütterliche, das Gehegt- und Gepflegtwerden zu wenig oder gar nicht erfahren hat. Für Kinder, die im Brutkasten gelegen haben, ist diese Stellung typisch. Bei ihnen kam es in den ersten Tagen oder Wochen nur zu einer technischen Versorgung ohne menschliche beziehungsweise psychische Nähe. Wenn auch die Technik inzwischen perfekt ist und heutzutage auch auf das Bedürfnis des Babys nach Geborgenheit geachtet wird, kann der Brutkasten doch nicht die Zärtlichkeit und Nähe der Mutter ersetzen. Anscheinend prägt dieser Mangel Kinder, deren Mond in Verbindung mit dem 12. Haus steht, aufs tiefste. Soweit ich es beurteilen kann, spielt die Länge des Aufenthaltes im Brutkasten dabei keine Rolle – prägend scheint nur die Erfahrung als solche zu sein. Auch ein späterer Krankenhausaufenthalt kann sich in der Verbindung des Mondes (oder der Sonne) mit dem 12. Haus spiegeln. Beim Mond geht es um die schockierende Erfahrung, sich plötzlich ungeschützt in einer unbekannten Umgebung wiederzufinden.

Diese Stellung habe ich auch angetroffen, wenn die Mutter eine Zeitlang im Krankenhaus liegen mußte, von Zuhause weggelaufen war oder in einer postnatalen Depression versank – also dann, wenn die Mutter ihre Gefühle nicht auf das Kind richten konnte oder wollte.

Es ist gut möglich, daß ein Elternteil sich während der ersten Lebensjahre des Kindes in einem inneren oder äußeren Kampf mit der eigenen Mutter befand oder die Beziehung zur eigenen Mutter noch verarbeiten mußte. Es kommt auch vor, daß die Mutter als Folge von Schwangerschaft oder Geburt plötzlich Probleme damit hat, wie sie sich selbst oder andere sie als Frau sehen. Manche Frauen können es nicht ertragen, für eine Weile dick und unförmig auszusehen. Für Frauen, die ihre weibliche Identität aus einer schlanken Taille und einer tadellosen Figur in Konfektionsgröße beziehen, kann dies enorme Schwierigkeiten mit sich bringen, was bedeutet, daß sie ihre Einstellung zur eigenen Weiblichkeit neu bestimmen müssen. Aber auch Frauen, die diese Probleme nicht kennen, werden während der Schwangerschaft vielleicht eine andere Haltung zu sich selbst einnehmen beziehungsweise ein völlig verändertes Selbstbild gewinnen. Es läßt sich jedenfalls die Vermutung aufstellen, daß bei der Verbindung von dem Mond und dem 12. Haus eine gewisse Unsicherheit in bezug auf das weibliche Selbstverständnis der Mutter vorhanden ist.

Bei anderen Fällen trat zutage, daß die Mutter entweder schwach, emotional schwierig oder auch sehr fordernd gewesen war. Es kam auch vor, daß der Vater von ausgesprochen unreifem oder launischem Wesen war. (Auch diese Ausführungen zeigen wieder, daß es schwer ist, bestimmte Horoskop-Faktoren dem Vater oder der Mutter zuzuordnen.) In einigen Fällen war das Zuhause aus unerklärlichen Gründen von einer problematischen Atmosphäre gekennzeichnet. In anderen war die Familie sehr groß, was vielleicht bedeutete, daß einem Kind nicht besonders große Aufmerksamkeit geschenkt wurde und dessen Erziehung eher durch die Geschwister erfolgte. Sehr selten kam es vor, daß die Mutter oder ein Schwesterchen während der ersten Lebensjahre verstorben war.

Wenn eine Verbindung zwischen dem Mond und dem 12. Haus besteht, muß nicht zwangsläufig eines der angeführten Probleme in Erscheinung treten. Meine Nachforschungen haben ergeben, daß aber fast immer zumindest ein Elternteil sehr sensibel, übernatürlich begabt, äußerst einfühlsam, sozial engagiert oder etwas dergleichen war. In den Horoskopen der Eltern war oft das Zeichen Fische oder das 12. Haus stark besetzt oder eine herausragende Stellung von Neptun zu beobachten (ein Beispiel: Neptun in Konjunktion mit dem MC des einen und der Sonne des anderen Elternteils). Manchmal ergibt sich unter diesen Bedingungen ein sehr harmonisches Familienleben, weil sehr viel Liebe zwischen den Beteiligten fließen kann. Leider muß das aber beim Kind nicht unbedingt zu positiven Auswirkungen führen. Für das Kind kann diese Familienharmonie etwas Selbstverständliches sein, woraufhin keine Anstrengungen unternommen werden, sie weiterhin zu erhalten, mit der Folge, daß sie in einer späteren Generation wieder zum Problem wird. Das stimmt mit dem Gesetz des Lebens überein, dem zufolge alles irgendwann in sein Gegenteil umschlägt. Jung hat dieses Gesetz *Enantiodromie* genannt. Es ist also durchaus denkbar, daß man in Harmonie aufwächst, sich aber irgendwann doch durch allerlei Schwierigkeiten zu kämpfen hat. Diese sind der Schatten auf dem Weg, schließlich bewußt zur eigenen Mitte zu finden.

Einige Schlußfolgerungen

Bei logischer Betrachtung des Vorhergehenden fallen verschiedene Besonderheiten ins Auge. So können sich erstens Sonne, Mond und Saturn (und natürlich auch alle anderen Planeten) sowohl auf die Mutter als auch auf den Vater der betreffenden Person beziehen. Zweitens deuten diese Planeten im 12. Haus oder in Verbindung zu dessen Herrscher oft auf eine spezifische Situation, die zumeist von mehr oder weniger problematischer Natur ist. Drittens ist es angesichts der mannigfaltigen Manifestationsmöglichkeiten und Zusammenhänge unmöglich, die Frage nach der «Schuld» aufzuwerfen. Viertens kann das 12. Haus bestimmte sensible Charakterzüge anzeigen, die von den Eltern ererbt wurden (wobei auch hier nicht zu ersehen ist, um welchen Elternteil es sich handelt). Fünftens müssen wir bei unserer Interpretation nicht nur, was Vater und Mutter betrifft, größte Vorsicht walten lassen, sondern auch berücksichtigen, daß die allgemeine Atmosphäre auch durch andere Personen geprägt sein kann. Dann bliebe noch die Frage, inwieweit das Kind mit seiner Sensibilität selbst die Situation mitbestimmt – es sind ja zum Beispiel nicht alle Kinder, die in den Brutkasten kommen, *mit* einer Verbindung von Mond und dem 12. Haus geboren. Und Kinder *ohne* diese Verbindung, die in den Brutkasten müssen, bekommen ja auch nicht gerade ein Übermaß an mütterlicher Zuwendung geschenkt. Es muß sich also um einen Unterschied im Erleben handeln.

Das folgende Beispiel ist vielleicht geeignet, diesen Punkt zu erhellen. Ich berechnete einmal die Horoskope für ein zweieiiges Zwillingspaar. Zwischen ihren Geburten lagen nicht weniger als 40 Minuten, was zu einigen markanten Unterschieden führte. Frappierend war die Stellung Plutos im 12. Haus des Jungen beziehungsweise mitten im 1. Haus des Mädchens (das zuerst geboren worden war). Für den Bruder ist die Lebensangst und Verbissenheit des Vaters immer ein Problem gewesen. Dieser hatte versucht, seine Angst zu unterdrücken und sich auf sehr plutonische Weise in der Gesellschaft hochgearbeitet. Während der Vater eine führende Position bekleidet, verkriecht sich der Sohn mit Pluto im 12. Haus in sich selbst und verkörpert damit die Lebensangst seines Vaters. Seine Schwester, mit Pluto im 1. Haus, ist da ganz anders. Sie hat keinerlei Probleme mit dem beschriebenen Charakterzug ihres Vaters und erweist sich im Leben als sehr wehrhaft und kämpferisch. Sie verteidigt ihren Bruder oft und fordert damit den Vater in seiner Machtposition innerhalb der Familie heraus.

Wir sehen hier zwei Kinder, fast zur gleichen Zeit und in derselben Familie geboren, deren 12. Häuser sich deutlich voneinander unterscheiden. Das scheint zu zeigen, daß das 12. Haus nicht nur Hinweise auf das Wesen und die Situation der Eltern gibt. Es beschreibt darüber hinaus auch unsere angeborene Sensibilität gegenüber bestimmten Charakterzügen der Eltern. Und damit wären wir wieder bei der Frage nach dem Huhn oder dem Ei, mit der wir uns im letzten Kapitel schon ausführlich beschäftigt haben. Zum Schluß dieses Kapitels wollen wir noch weitere Auswirkungen von Sonne, Mond und Saturn in Verbindung mit dem 12. Haus betrachten.

Einiges mehr zur Sonne im 12. Haus

Viele Astrologen betrachten es als «hinderlich» oder auch einfach als «schlecht», wenn die Sonne im 12. Haus oder im Aspekt zu dessen Herrscher steht. Bei dieser Sichtweise besteht die Gefahr, daß man die phantastischen Möglichkeiten dieser Stellung übersieht und so in eine abwärtsführende Spirale gerät: Wenn man glaubt, ein unwissender Nichtskönner, der Spielball aller möglichen negativen Kräfte und zum Scheitern verurteilt zu sein, versorgt man sich tagein, tagaus mit negativen hypnotischen Suggestionen, deren Wirkung nicht ausbleiben wird. Dies stellt allerdings nicht den Beweis dar, daß diese Sonnen-Stellung ausschließlich negative Auswirkungen hat.

Im wesentlichen geht es darum, daß das Kind einen Teil seiner sich formenden Identität vom Vater oder vom männlichen Yang-Aspekt in seiner Umgebung ableitet und daß sich dabei gewisse Probleme ergeben, die möglicherweise bis ins Erwachsenenalter Bestand haben werden. Das Kind erfährt Identitätsprobleme und weiß nicht um deren Ursache. Auf irgendeine Weise wirken bestimmte, für das Kind ungreifbare Prozesse seiner Identitätsbildung entgegen. Das mit einer Verbindung von Sonne und dem 12. Haus geborene Kind braucht sehr viel Bestätigung seitens des Vaters, viel mehr, als normalerweise gegeben wird oder gegeben werden kann. Es gibt Fälle, in denen die Vaterfigur gänzlich fehlte, aber auch solche, in denen das Kind alle erdenkliche Aufmerksamkeit von beiden Elternteilen bekam. Vielleicht war dann ein Elternteil gerade in einen psychischen Verarbeitungsprozeß verstrickt oder stark mit der eigenen Identität beschäftigt; vielleicht hatte er die eigene Identität auch völlig verdrängt. Das 12. Haus ist gewissermaßen ein Faß ohne Boden: Soviel Aufmerksamkeit das Kind auch erhalten mag, es wird immer eine innere Unsicherheit spüren, die zu einem Verlangen nach mehr führt.

Einer der ungreifbaren Faktoren ist für das Kind seine übergroße Empfindlichkeit, die für sich allein betrachtet schon eine große Unsicherheit bewirkt. Wie bei allen Planeten, die mit dem 12. Haus durch Stellung oder Aspekt verbunden sind, besteht das Gefühl, diesen Inhalt nicht recht in den Griff zu bekommen. Es ist, als ob sich ein Planet, in diesem Fall die Sonne, hinter einer Abschirmung verbirgt oder sich in einem Nebelfeld befindet. Man kommt immer wieder in seine Nähe, aber man erreicht ihn nie ganz. Darum fällt es auch schwer zu begreifen, was man mit diesem Inhalt tun kann oder soll. Mit dieser Sonnen-Stellung zweifelt der Mensch an sich selbst, an der eigenen Identität; er meint, nicht zu wissen, was er eigentlich will und was die eigene Lebensaufgabe ist. Dies kann auch dann zutreffen, wenn äußerlich von diesen Schwierigkeiten nichts zu spüren ist.

Der Planet, der mit dem 12. Haus verbunden ist, zieht oft viel Energie auf sich. Handelt es sich dabei um die Sonne, übersieht der Betroffene meist, daß man in der Regel recht bestimmt und fordernd auftritt, wobei man derart stark mit sich selbst beschäftigt ist, daß man nicht merkt, daß dies auf Kosten anderer geschieht. Vielleicht fragt man sich, wie ein Suchen oder ein Gefühl der Unsicherheit zu Lasten anderer gehen soll? Schließlich – auch zur eigenen Überraschung – arbeitet man sich doch immer weiter empor. Die Unsicherheit bleibt aber bestehen, einschließlich des Zweifels an der Richtung, die eingeschlagen worden ist.

Dabei kann die Sonne im 12. Haus oder im Aspekt zu dessen Herrscher überdurchschnittliche Führungsqualitäten bedeuten – vorausgesetzt, die Gaben dieses Hauses werden genutzt. Die Empfindlichkeit und vor allem das Einfühlungsvermögen sind mit dieser Stellung besser ausgeprägt als bei anderen. Ein Beispiel: Man folgt einfach einem inneren Gefühl, verläßt seinen Schreibtisch und gerät beim Rundgang durch den Betrieb in ein Gespräch. Später mag sich dann herausstellen, daß der Gesprächspartner sich aufgrund persönlicher Probleme für ein paar Tage krankschreiben lassen wollte, dies dann aber wegen der freundlichen Anteilnahme nicht mehr zu tun brauchte. So können sich ein besseres Arbeitsklima und weniger Krankmeldungen ergeben. Dieses Talent, Dinge zu erfühlen, kann auch ein Gespür dafür bedeuten, was in der Zukunft wichtig werden wird. Ohne es zu begreifen und ohne zu wissen warum, kann der Mensch mit dieser Stellung etwas Neues einführen, was sich in der Zukunft bezahlt machen wird. Er fühlt einfach, wo es hingeht.

Zu einem Problem kommt es erst dann, wenn die Gefühle und das Gespür verleugnet werden und Zweifel und Identitätsprobleme bestehen bleiben. In diesem Fall kann der Selbstausdruck diverse Schwierigkeiten, zum Beispiel mit Kollegen, Freunden oder in der Familie, hervorrufen. Die Probleme resultieren aus der zu intensiven Beschäftigung mit dem eigenen Selbst und der übergroßen Verletzlichkeit. Oftmals kommt es dann zu dem Gefühl, isoliert zu sein und die eigene innere Stimme nicht mehr zu hören. Nicht selten entsteht daraufhin aus Angst eine Haltung der Härte oder der übertriebenen Dienstbarkeit beziehungsweise Selbstaufopferung, die mit der Formel «Laß mich dir helfen oder ich schieße!» zu charakterisieren wäre. Die zwanghafte Selbstaufopferung ist für den Menschen mit vielen Planeten in Verbindung zum 12. Haus eine mögliche Äußerungsform. Das Dienen wird dann benutzt, um sich selbst zu beweisen und sich eine Identität zu verschaffen. Darüber hinaus besteht durch das Helfen die Möglichkeit, den anderen zu beeinflussen, ihn sich zu verpflichten oder sogar abhängig von sich zu machen. Diese Folgeerscheinungen zielen darauf ab, das Ich zu bestätigen. Das alles geschieht dann auf recht ungreifbare Weise, aber doch so, daß der andere durch das Verhalten oder durch kleine Anzüglichkeiten genau versteht, was eigentlich gemeint ist. Manche legen das als «Heimtücke» aus, was es nicht wirklich ist. Es ist sehr schwer, das eigene doppeldeutige Verhalten wahrzunehmen, wenn man seit frühester Kindheit mit sogenannten «doppelten Botschaften» konfrontiert wird (das heißt, wenn die Worte der Eltern oder der Bezugsperson nicht mit dem Verhalten übereinstimmten) oder wenn man aufgrund der Situation oder des Unvermögens der Eltern keine Selbstbestätigung erfahren hat. Es kann Jahre dauern, ehe man sich dieser Prozesse bewußt wird, doch kann man sie ergründen und tatsächlich eine Änderung herbeiführen!

Die Erkenntnis, was wirklich vorgeht, ist der erste Schritt, die eigene Empfindlichkeit zu akzeptieren. Träume, Phantasien, Müßiggang, der Reichtum von Symbolik und der inneren Bilder, die Wirkung von Musik und Kunst und andere Manifestationen der Einbildungskraft haben dabei ihren Wert. Die Einfühlungsgabe wird hier den richtigen Weg weisen – wenn sich der Mensch ihr wirklich öffnet. Mit dieser Sonnen-Stellung sind wir dicht an der Quelle des Lebens, direkt am Brunnen, aus dem wir schöpfen können, sobald wir wissen, wie das geht. Wir können lernen, wie man mit der Welt der (noch) nicht nachgewiesenen Energien umgeht. Leute, die mit Homöopathie, Akupunktur, Fußreflexzonenlehre, Traum- oder Kunsttherapie, Hypnose, Yoga oder Meditation arbeiten oder sich zum Beispiel mit den beruhigenden Qualitäten des Wassers beschäftigen, haben im allgemeinen ein betontes 12. Haus (oftmals in Verbindung mit der Sonne oder dem Mond).

Im 12. Haus sind Traum und Wirklichkeit weniger streng voneinander geschieden als in anderen Häusern des Horoskops. Es scheint, daß die archetypischen Inhalte, die jeder von uns in sich trägt, in diesem Haus leichter an die Oberfläche kommen. Die inneren Bilder setzen enorme Kräfte frei und bilden die Quelle der Inspiration, aus der zahllose Künstler, Gelehrte und auch «normale» Leute schöpfen. Direkt am Brunnen zu leben ist manchmal ziemlich anstrengend – es bedeutet, Bildern, Gefühlen, Ideen und Gedanken ausgeliefert zu sein, die sich nicht alle etwas Bestimmtem zuordnen lassen. Das innere Leben scheint hier überzuschäumen; auf sehr subtile Weise führt es den Menschen auf den Weg, der zu ihm paßt. Wenn man, an der Quelle lebend, alles mögliche zu verdrängen versucht, kann es passieren, daß eines der inneren Bilder den Menschen festhält, weil es auf einen Komplex anspielt. Diese Idee ist in diesem Falle von einer überwältigenden Kraft, die gewissermaßen zu einer Inflation der Persönlichkeit führt: Man entwickelt das Gefühl einer übertriebenen Größe, wobei man sich oft auf ein scheinbar unpersönliches Ideal beruft. Es kann sich eine

Art Guru-Komplex entwickeln, das Bedürfnis, die Welt zu retten oder sich als unverstandener Messias zu präsentieren. Derjenige aber, der die Energien des 12. Hauses zuläßt, der weiterhin in den Spiegel schaut und an sich selbst arbeitet, wird merken, daß ihn eine Form von Weisheit durchströmt. Er wird diese nicht logisch einordnen oder festhalten können – wenn er sie aber braucht, wird sie ihm zur Verfügung stehen. Sie ist gültig für jedes Lebensgebiet, und sie schreibt nichts vor. Das Wichtigste ist, sich an die eigene Empfindlichkeit, Verletzlichkeit und Sensibilität heranzuwagen. Gefordert ist hier die Bereitschaft, sich der Welt des Unlogischen und der Symbole zu öffnen. Erkenne die Realität des Unbewußten! Das wird dir die alltägliche Wirklichkeit um vieles angenehmer machen.

Einiges mehr zum Mond im 12. Haus

Was für die Sonne im Hinblick auf den Vater und das männliche Prinzip galt, gilt für den Mond im Bezug auf die Mutter beziehungsweise das Weibliche, Nährende. Ein Kind mit dem Mond im 12. Haus oder im Aspekt zu dessen Herrscher ist so empfindlich, daß es bezüglich seines Gefühls der Geborgenheit sehr verletzlich ist. Wie auch mit der Sonne in dieser Stellung ist hier ein reiches Gefühlsleben und ein starkes Einfühlungsvermögen gegeben. Die Phantasie ist farbiger, Sensibilität und ein Sinn für die Atmosphäre sind stärker entwickelt als beim Durchschnittsmenschen.

Die Gefühle anderer Leute werden sehr schnell erkannt – anfangs fällt es sogar schwer, zwischen den eigenen Gefühlen und denen anderer zu unterscheiden. Das Einfühlungsvermögen ist so groß, daß man bei emotional gefärbten Ereignissen schnell in Rührung gerät. Daraus mag das Bedürfnis resultieren, sich für Gruppen oder Individuen einzusetzen, die aus irgendeinem Grund der Hilfe bedürfen. Es bleibt sich letztendlich gleich, ob man für den Tierschutz arbeitet oder für Amnesty International, für die Dritte Welt oder die bedrohten Regenwälder, für Alkohol- beziehungsweise Drogenabhängige oder für Waisenkinder. Allen diesen

Tätigkeiten, bei denen mütterliche Gefühle und ein Pflegebedürfnis (dies gilt auch für Männer!) auf verletzliche Personen, Tiere oder Gruppen gerichtet sind, liegt ein bestimmtes Merkmal zugrunde: Die eigene und die äußere Welt stehen in einem gewissen Widerspruch zueinander.

Wie groß unsere Anteilnahme auch sein mag: In den eben geschilderten Fällen sind wir im allgemeinen nicht gezwungen, sie unmittelbar, von Mensch zu Mensch, zum Ausdruck zu bringen. Wäre dem nicht so, würden wir uns wahrscheinlich unwohl und auf irgendeine Art verlegen fühlen. So wie die Sonne im 12. Haus nur schwer ihre Individualität nach außen darstellen kann, bringt der Mond in dieser Stellung größte Schwierigkeiten mit sich, die Gefühlswelt zu offenbaren. Ich habe in dieser Beziehung oft von Leuten diese oder ähnliche Worte gehört:

... und dann saß ich da auf dem Sofa neben X, der/die mir gerade sein/ihr Herz ausschüttete, und ich hatte solches Mitleid mit ihm/ihr! Aber ich konnte ihn/sie einfach nicht in den Arm nehmen, um ihn/sie zu trösten, es ging einfach nicht. Dabei hätte ich es so gern getan!...

Damit wird das Problem zutreffend skizziert. Einerseits verspüren wir mit einer Verbindung von Mond und dem 12. Haus ein enormes Bedürfnis, Intimität und Wärme zu geben und zu empfangen, auf der anderen Seite fühlen wir in Situationen, in denen genau das von uns erwartet wird, Angst und Unvermögen. Wir scheinen dann einfach zu erstarren oder «zuzugehen». Und doch manövrieren wir uns immer wieder – unbewußt – in diese Situationen hinein. *Bewußt* dagegen suchen wir uns Umstände, in denen wir mit Distanz helfen und pflegen können. Oftmals handelt es sich dabei um eine unbezahlte oder zeitlich begrenzte Arbeit, von der man weiß, daß man sie nach einigen Wochen oder Monaten wieder aufgeben wird. Man braucht dann um niemanden den Arm zu legen, weil entweder die Menschen zu weit weg sind oder weil die Situation dies nicht verlangt oder zuläßt.

Natürlich heißt das nicht, daß man mit dieser Konstellation nicht lernen könnte, andere in den Arm zu nehmen. Es braucht nur sehr viel Zeit, um das nötige Selbstvertrauen zu entwickeln. Der Mond im 12. Haus oder im Aspekt zu dessen Herrscher verleiht oft das Gefühl, unerwünscht zu sein. In einer Reihe von Fällen könnte das mit einem Mangel an Geborgenheit in der frühesten Phase der Kindheit zusammenhängen. Diese Empfindung kann sich unterschwellig auch auf andere Lebensbereiche ausweiten. Sie kann zum Beispiel ein Gefühl der Wertlosigkeit nähren oder das Gefühl, keine Daseinsberechtigung zu haben, was dann vielleicht aufs neue zu Minderwertigkeitskomplexen führt. Möglicherweise herrscht die Einstellung, daß man für seine Dienste keine Bezahlung verlangen darf, weil man ja «doch nicht so wichtig ist». Oder man denkt, keine Kinder bekommen zu dürfen, weil man «bestimmt keine gute Mutter sein würde». Manchmal ist hier eine geradezu lebensfeindliche Einstellung zu beobachten, mit der man jedoch um so mehr Energie dafür einsetzt, das Leben anderer zu verbessern, zum Beispiel im Dienst einer Organisation, die sich um Kinder kümmert. In diesem Fall würde man zwar für Kinder arbeiten, sich aber nicht trauen, selbst welche zu haben!

Die Frau mit dieser Mond-Stellung hat vielleicht Mühe, sich über sich selbst klarzuwerden. Ich habe bereits die Unsicherheit angeführt, daß möglicherweise Zweifel bestehen, auch wirklich eine gute Mutter zu sein. Oft ist neben der Unsicherheit über die Mutterrolle überhaupt die Identität als Frau ein Problem. Manchmal entsteht eine übertriebene Identifikation mit dem eigenen Geschlecht, was wiederum eine Form der Abhängigkeit darstellt. So kann eine Frau mit dem Mond im 12. Haus oder im Aspekt zu dessen Herrscher sich zutiefst mit einer mythologischen Frauengestalt identifizieren oder eine aktive Rolle in der Frauenbewegung spielen. Auf jeden Fall bieten die heftigen emotionalen Reaktionen die Chance, zu einem tieferen Verständnis der inneren Vorgänge und so zu einem gewissen Gleichgewicht zu kommen.

Bei Männern zeigen sich wieder ganz andere Auswirkungen. Hier erlebe ich oft die Suche nach der Göttin-Mutter, die in der Lage sein soll, ihm sowohl Glückseligkeit und den Himmel auf Erden wie auch einen ganz normalen Kuß zu geben. Das birgt die Gefahr, daß der Mann sein Bedürfnis nach einer Göttin auf Frauen im allgemeinen und im besonderen auf die eigene projiziert. Dadurch bleibt sie für ihn ein Traum, und er nimmt ihr eigentliches Wesen gar nicht wahr. In dieser Hinsicht gibt es Übereinstimmungen mit Venus im 12. Haus beziehungsweise im Aspekt zu dessen Herrscher. Während bezüglich des Mondes aber eher das Versorgende, Beschützende, Umhüllende vom Mann – am liebsten in mehr oder weniger «göttlicher» Form – gesucht wird, steht bei der Venus die Neigung im Vordergrund, die Liebe auf ein Podest zu stellen.

Für den Mann muß die Verbindung von Mond und dem 12. Haus nicht notwendigerweise bedeuten, daß er eines Tages die desillusionierende Entdeckung machen wird, daß seine Göttin in Wirklichkeit die Hosen an und Haare auf den Zähnen hat. Wenn er seinen eigenen emotionalen Reichtum sowie seine Verletzlichkeit akzeptiert, werden seine Gefühle ihn nicht mehr in die Irre leiten. Dann kann eine intensive und positive emotionale Bindung mit dem Partner entstehen, in der zum Beispiel telepathische Vorgänge keine Seltenheit sind.

Der Mond im 12. Haus oder im Aspekt zu dessen Herrscher macht auf emotionalem Gebiet sehr verletzlich. Sieht man dieser Tatsache nicht ins Auge, so besteht die Gefahr, daß man glaubt, seine Gefühle zu beherrschen. In Wirklichkeit aber hat man sie aus Angst vor dem, was sie zum Vorschein bringen könnten, nur sehr weit verdrängt. In solchen Fällen kann eine Form der emotionalen Manipulation entstehen: Indem man die Atmosphäre und die Stimmung beeinflußt, versucht man, die Umgebung unterschwellig in den Griff zu bekommen. Es ist aber auch möglich, daß man sich wie eine Klette an andere hängt, so daß diese meinen, an den Ansprüchen zu ersticken. Dabei ist die Forderung «Gib mir doch bitte emotionale Bestätigung!» eher ein Notruf. Wenn jemand ein derartiges Verhalten an den Tag legt, ist er meist schon so sehr sich selbst entfremdet, daß ihm die Entfremdung gar nicht mehr bewußt ist. Allerlei ungreifbare Prozesse können das Leben dann sehr schwierig machen. Dabei sind gerade Menschen mit dem Mond im 12. Haus in der Lage, so viel Herzlichkeit, Wärme und Liebe zu geben! Wenn sie erst einmal in ihrem Element sind und gelernt haben, mit ihrer Sensibilität und Verletzlichkeit umzugehen, sind sie wunderbare Menschen, die ein großes Herz für andere und ein tiefes Wissen um Symbole besitzen. Sie können schließlich imstande sein, sich aufzuopfern, ohne sich selbst dabei zu verlieren. Gerade bei ihnen, die sich selbst anfangs so wenig geborgen fühlten, kann man wirkliche Geborgenheit finden.

Aus dem soeben Gesagten geht hervor, daß der Mond im 12. Haus oder im Aspekt zu dessen Herrscher große Folgen für eine Beziehung haben kann, insbesondere, was Ehe oder das Zusammenleben angeht. Die Sonne in dieser Stellung zeigt ähnliche Auswirkungen. Paradoxerweise besteht hier die Neigung, sich einen starken Partner zu suchen, während man selbst doch eigentlich die Rolle des Stärkeren übernehmen möchte. Nach meinen Erfahrungen ist der Einfluß auf die Partnerschaft noch größer, wenn Saturn im 12. Haus oder im Aspekt zu dessen Herrscher steht. Es heißt oft, daß man mit Saturn im 7. Haus nach einem älteren Partner sucht. Im ersten Kapitel habe ich bereits angedeutet, daß dies viel häufiger der Fall ist, wenn Saturn mit dem 12. Haus in Verbindung steht. Woran liegt das? Mit diesem Saturn-Bild sind wir geneigt, das Bedürfnis, eine eigene Struktur beziehungsweise Rückgrat zu entwickeln, auf den anderen zu projizieren, der uns dann auf unserem Lebensweg führt und uns dabei verstehen muß. Im Idealfall mag ein gleichaltriger Partner dieser Forderung nachkommen können; meistens wird sich jedoch zeigen, daß das Verstehen und Führen, das Entwickeln des eigenen Rückgrates in einer Projektion des Vaters oder der Mutter auf den Partner zum Ausdruck kommt. Dies im Gegensatz zu Sonne und Mond, bei denen Struktur und Rückgrat weniger wichtig sind. Saturn stellt für uns auch den Lernprozeß des Schmerzes dar; er verkörpert die Kraft, die uns immer wieder dazu treibt, aus Erfahrung zu lernen, auch, was das 12. Haus betrifft. Beim Suchen nach der inneren Struktur kann man sich derartig in eine strenge Vater- oder Mutterfigur verlieben, daß man sich selbst gar nicht mehr zum Ausdruck bringt. Dann ist manchmal eine innerliche Flucht (oftmals eine Ehescheidung) notwendig, um zu begreifen, was geschehen ist. Denkbar ist auch – vor allem bei der Verbindung von der Sonne mit dem 12.

Haus –, daß man sich in jemanden verliebt, der nur sehr stark zu sein scheint. Dann zwingt man sich selbst durch die Partnerwahl, eine Entscheidung zu treffen, und entwickelt damit die eigene innere Struktur. Eine – natürlich unbewußte – Flucht kann auch darin bestehen, einen hilfsbedürftigen Partner zu heiraten, so daß keine Verantwortung für eine wirklich intensive Beziehung übernommen werden muß.

Ich lasse hier als Beispiel eine der vielen Beschreibungen von Erfahrungen mit dem 12. Haus folgen, die ich von meinen Schülern erhalten habe:

Bei meiner Mutter stehen Saturn, Sonne, Merkur und Jupiter im 12. Haus und der Mond im Quadrat zu dessen Herrscher. Ich frage mich vor allem, warum Saturn und Sonne in diesem Haus bedeuten sollen, daß es keinen Vater gab, wenn meine Mutter ständig von diesem Mann spricht, der für mich der beste Opa der Welt gewesen ist. Außerdem zeichnet sich die Familie meiner Mutter dadurch aus, daß ihre Mitglieder ein außerordentlich gutes Verhältnis zueinander haben. Allerdings springt ins Auge, daß meine Mutter mit ihrem Mann einen recht kindlichen Partner gewählt hat.

In diesem Kapitel haben wir den ersten Teil der Frage eigentlich schon beantwortet – das Horoskop muß nicht unbedingt Aussagen bezüglich des Vaters treffen. Leider kann ich nicht beurteilen, ob nicht vielleicht Identitätsprobleme oder andere Angelegenheiten, die mit dem 12. Haus der Mutter zu tun haben könnten, vorhanden sind. Prinzipiell ist anzumerken, daß mit einem derart stark besetzten 12. Haus die Neigung zu Idealisierungen vorhanden ist. Auffällig ist, daß die Mutter trotz aller guten Erfahrungen unter dem Einfluß von Saturn – der mit Schmerzen verbundene Lernprozeß – unbewußt einen kindlichen Partner gewählt hat. Das ist ihr eigener Anteil am Individuationsprozeß beziehungsweise an der Familiengeschichte.

Abschließend möchte ich auf den Anfang des fünften Kapitels zurückkommen, zu dem Bericht, in dem es um die Angst einer schwangeren Mutter vor Bombenangriffen im Zweiten Weltkrieg und die damit im Zusammenhang stehende Lärmempfindlichkeit der Tochter ging (siehe S. 58).

Als im Jahre 1986 sowohl Neptun als auch Pluto im Transit Hettys Mond/Pluto-Konjunktion aspektierten, löste das einiges bei ihr aus. Sie schreibt:

Ich habe noch in keinem Jahr so viel Energie in meine Arbeit gesteckt, so viele Aufträge ausgeführt und – abgesehen von ein paar Tage von depressiver Erschöpfung – so wenig Ruhe gehabt! Der Lärm um mich herum erreichte oft ein kritisches Ausmaß. Alles mögliche geschah in meiner Umgebung, wie zum Beispiel eine Großrazzia der Polizei im Haus nebenan und ständige Kontrollen der Wohnungsbaugesellschaft.

Das Thema Lärm, das schon während der embryonalen Phase im Mutterleib erschienen war, kulminierte in diesem Jahr, und zwar genau zu dem Zeitpunkt, als die Mond/Pluto-Konjunktion im 12. Haus (dessen Herrscher der Mond ist) vom transitierenden Pluto im Quadrat und vom transitierenden Neptun im Quinkunx aspektiert wurde! Zu dieser Zeit klagte Hetty auch über depressive Erschöpfungen, die sowohl mit Pluto, Neptun oder dem 12. Haus zu tun haben können. Das war aber noch nicht alles. Sie schreibt weiterhin:

Der Höhepunkt dieses Jahres war, daß ich die Vorstellung entwickelte, unbedingt zum Ausgrabungsort Catal Hüyük in der Ost-Türkei reisen zu müssen, wo der Ursprung der neolithischen Kultur und der Kulte der Gottheiten der großen Mutter liegt (welche für mich eine Idolfunktion haben). Zwei Wochen lang war ich auf dieser wahnsinnig anstrengenden Pilgerfahrt. Zwei Tage fuhr ich mit einem Leihwagen quer durch das Taurusgebirge, um schließlich mitten in Anatolien ein altes Männlein anzutreffen, das das Terrain «bewachte». Es gab dort absolut nichts zu sehen! Abgesehen vielleicht von den Spuren einer Ausgrabung, die drei Jahre zuvor wegen Geldmangels abgebrochen worden war. Obwohl man mich im Ärchäologischen Museum in Ankara gewarnt hatte, war ich ziemlich ent-

täuscht. Ich hatte wenigstens ein paar Abdrücke von Stierhörnern erwartet! Glücklicherweise kannte der alte Mann noch ein paar englische Worte, die er seinerzeit von den Archäologen gelernt hatte, so daß er, wenn auch mühsam, einiges erzählen konnte. Alles an dieser Reise war sehr neptunisch. In dem Museum, in dem die Funde der Ausgrabung aufbewahrt wurden, nahmen mich der Anblick der unförmigen Darstellungen der Muttergöttinnen und der stilisierten Bronze-Stiere mit ihren Fruchtbarkeitssymbolen gefangen. Dabei kam es mir vor, als ob Zeit keine «Länge» hätte. Eine ähnliche Erfahrung hatte ich schon bei einer früheren Reise zu den Höhlenzeichnungen in Südfrankreich und Nordspanien gemacht. Der Kontakt mit diesen Tierabbildungen ließ mich plötzlich begreifen, daß es keine «Trennung durch Zeit» gibt. Das Thema «Ur-Rind» beziehungsweise «Ur-Kuh» war für mich damals sehr aktuell – es beschäftigt mich noch heute.

Soweit der Brief. Zu einer Mond/Pluto-Konjunktion im 12. Haus gehören Themen wie Höhlen, prähistorische Geschichte, die Ur-(Pluto) – Kuh(Mond), in großem Maßstab ausgeführte Muttergöttinnen und anderes mehr. Aus Hettys Erfahrungen läßt sich ersehen, welch zwanghaften Charakter das 12. Haus annehmen kann: Sie mußte ganz einfach nach Catal Hüyük fahren. Wenn auch der Ort selbst eine Enttäuschung war, hatte die Reise als solche, wie Hetty später einräumte, mehr in ihr ausgelöst, als sie beschreiben kann. Vor allem war für sie bei der Begegnung mit diesen Urthemen die Erfahrung der Zeitlosigkeit wichtig, die auf sie eine geradezu religiöse Wirkung hatte. Irgendwie ist Hetty der Quelle sehr nahe gekommen, auch wenn sie diese Annäherung nicht genau zum Ausdruck bringen kann. Allerdings ist es ihr gelungen, der Erfahrung eine konkrete Form zu geben: Sie ist bildende Künstlerin und versteht es wie keine andere, das Wesen eines Tieres in ihren Skulpturen einzufangen. Eines ihrer herausragenden Werke ist das Ur-Rind. So hat sie auf dem Gebiet des 12. Hauses ihren Beruf gefunden, genährt von den Gefühlen und Erfahrungen ihrer Mond/Pluto-Konjunktion. Ihre Skulpturen sind sehr geschätzt; sie sind unter anderem in verschiedenen Tiergärten ausgestellt.

Wir haben nun eine Anzahl der Auswirkungen des 12. Hauses etwas näher betrachtet. Ich bin mir bewußt, daß bezüglich dieses Hauses oft ein etwas unangenehmer Eindruck besteht. Meiner Ansicht nach ist dies nicht nur eine Frage der persönlichen Wertschätzung. In unserer Kultur stoßen die Prozesse und Erfahrungen, die dem 12. Haus zugerechnet werden, auf wenig oder gar kein Verständnis. Lernprozesse, die mit Abwarten, sogenannter Untätigkeit, mit Unsicherheit und der verborgenen Seite unseres Daseins zu tun haben, werden allgemein abgelehnt. Daß eine voreingenommene Haltung zu diesem Haus uns hindern kann, seine bereichernden Seiten kennenzulernen, werde ich im folgenden Kapitel besprechen. Im Anschluß daran können wir uns intensiv mit dem 12. Haus als Instrument der Kreativität beschäftigen.

Kapitel 7

Ein unverstandenes Haus in unserer Kultur

Insbesondere die klassische Astrologie zeigt uns ein wenig attraktives Bild vom 12. Haus. Eine kleine Auswahl nicht gerade ermutigender Aussagen: «Das Haus des Verborgenen, Geheimen und Geheimnisvollen.» «Die Dienstbarkeit des 12. Hauses bedeutet zwangsläufig Selbstaufopferung.» «Das Haus bezieht sich auf schwere Erkrankungen, auf Einweisungen ins Krankenhaus, Sanatorium, Irrenhaus oder eventuell ins Gefängnis.» «Für gewöhnlich das Haus des Kummers und der Selbstbeschränkung.» Viel von dem Elend, das einen von Zeit zu Zeit überfällt, soll mit dem 12. Haus zu tun haben.

Einige Astrologen haben auch früher schon das 12. Haus als Quelle unserer Inspiration und Intuition beziehungsweise den Zusammenhang mit dem menschlichen Unbewußten gesehen. Allerdings wurde diese Verbindung nicht als wertvoll erachtet, setzte man sie doch mit der Auflösung der Persönlichkeit gleich. In der überlieferten Astrologie wird das 12. Haus weiterhin mit Begriffen wie Drohung, Flucht, Verlust, Elend, Selbstmord, Gefängnis, Betrug usw. in Zusammenhang gebracht. Als eher positive Bereiche werden ihm die See und die Fischerei, Religion und Klöster sowie die Kunst und Musik zugeschrieben.

Man kann natürlich kein Horoskop-Haus nur mit einer Reihe von Stichworten umschreiben. Ich benutze die angeführten Begriffe denn auch nur, um ein grobes Bild von dem zu geben, was die überlieferte Astrologie über das 12. Haus lehrte. Es wäre besser gewesen, die Texte in ihrer ursprünglichen Form wiederzugeben, was sich aber wegen des Umfangs verbot. Bei diesen Texten fällt die Wortwahl und vor allem die unterschwellige Tonart der Umschreibungen auf. Oft wird eher suggestiv als präzise formuliert. So mancher hat vom 12. Haus die Vorstellung gewonnen, es handele sich hier um einen Bereich des Unglücks, das einen hinterrücks und hinterlistig überfällt und das einen ins Elend treiben kann. Vielleicht klingt das wie eine Übertreibung – wer aber wie ich jahrelang ängstliche Fragen von Schülern gehört hat, die schon vor dem Kursus das eine oder andere Buch gelesen haben, der weiß, daß in bezug auf das 12. Haus eine gehörige Portion Unsicherheit und Angst herrscht.

Die angeführten Stichworte sind in der Tat keine angenehmen – man kann sich Schöneres vorstellen als Betrug und Irrenhäuser. Aber ich möchte an dieser Stelle eine Art astrologische Gewissensfrage stellen: Wenn Astrologen unterschiedlichster Gesinnung diese Einschätzungen immer und immer wieder in ihren Schriften dargelegt haben, müssen wir dann nicht davon ausgehen, daß diese zumindest in gewissem Maße Erfahrungswerte darstellen? Ich möchte mit meinen Ausführungen die alte Form der Astrologie, die sich eher auf Verallgemeinerungen bezog und die bis zum Aufkommen der eher psychologisch ausgerichteten vor einigen Jahrzehnten die vorherrschende war, nicht diskriminieren. Es gab auch damals Astrologen mit dem Blick für Nuancen. Aber es bleibt doch festzuhalten, daß das allgemeine astrologische Weltbild ein fatalistischeres war als das der heutigen psychologischeren Richtung. Die Frage ist nun: Wie «wirklich» ist denn die «Wirklichkeit», der man die Vorstellungen zum 12. Haus entnahm? Oder anders ausgedrückt: Hat unsere Kultur – oder auch das Christentum – diese Vorstellung bestimmt, oder ist ganz einfach objektiv ein derart negativer Bereich im Horoskop enthalten?

Schon vor Jahren habe ich mir diese Frage gestellt. Ich habe nach Faktoren gesucht, die im Lauf der Jahrhunderte die Sicht des westlichen Menschen auf sich selbst und die Welt beeinflußt haben. Schließlich bestimmt diese Sicht ja auch die Art und Weise, wie wir die Bestandteile des Horoskops betrachten, beurteilen und in unsere Erfahrungswelt einordnen! Wenn wir unsere Phantasien ablehnen und unsere Träume als Lug und Trug und Unsinn von uns weisen, dann wird dies zwangsläufig mit sich bringen, daß wir das 12. Haus geringschätzen und den Planeten Neptun nicht richtig verstehen, ganz zu schweigen davon, daß wir den Menschen, die unter dem Zeichen Fische geboren sind, nicht gerecht werden. Um zu zeigen, wie sich aus kulturellen Traditionen allmählich unser Urteil über das 12. Haus herausgebildet hat und wie wir die Einsicht in dieses Haus verloren haben, möchte ich einige kulturgeschichtliche Hintergründe darlegen.

Das Erbgut der westlichen Kultur

Unsere Gesellschaft und ihre Wertvorstellungen wurzeln in der jüdisch-christlichen Tradition. Dabei spielt es keine Rolle, ob wir nun innerhalb eines religiösen Erziehungssystems aufgewachsen sind und uns zu einem Glauben bekennen oder nicht. Unsere gesamte Kultur ist mit dieser Tradition verwoben. Traditionelle Werte sind in uns als Teil unseres kollektiven Unbewußten, welches uns mit unserer Kultur verbindet. Es geht dabei nicht um statistische Fakten, die in unserem Unbewußten angesammelt sind, noch um Erinnerungen an etwas, das einmal war und das auch jetzt noch von Wichtigkeit ist, sondern um viel mehr. Aufgrund dieser Werte, Auffassungen und Ideen haben unsere Vorfahren gehandelt und Erfahrungen gesammelt; sie haben durch sie eine bestimmte Lebensanschauung konstruiert und bestimmte Dinge verdrängt. Die psychische Problematik des heutigen Menschen ist also nicht nur in persönlichen Umständen zu sehen; sie ist verwurzelt in unserem Kulturmuster, in dem die Auffassungen, Aktivitäten und die verdrängten Inhalte unserer Ahnen enthalten sind.

Wenn über Generationen hinweg etwas systematisch negiert oder verdrängt wird, so kann man mit Sicherheit davon ausgehen, daß sich dieses immer tiefer ins Unbewußte graben und auf immer archaischere und primitivere Weise manifestieren wird. Mit anderen Worten: Die Werte, die das jüdisch-christliche Denken anstrebt, können durch konträre, aus dem Unbewußten aufsteigende Werte möglicherweise vollständig zerstört werden, wenn das bewußte Denken bei seiner Einseitigkeit bleibt und nicht darum bemüht ist, die eigene Schattenseite zu intregrieren. Denn nur dann, wenn man in seinen Überzeugungen offen bleibt für deren Kehrseite (die zwangsläufig vorhanden ist), kann man diese auf ausgewogene Weise zum Ausdruck bringen. Schenkt man der Kehrseite keine Beachtung, führt der oben beschriebene Prozeß mit großer Wahrscheinlichkeit zur Enantiodromie, derzufolge alles in sein Gegenteil umschlägt.

Als das Christentum aufkam, bestand die entwicklungsgeschichtliche Notwendigkeit, das sogenannte «männliche Denken» zu installieren, welches eine weitgehende Differenzierung unseres Egos ermöglicht. Dieser Archetypus bildete sich anscheinend erst aus, nachdem die neue Religion begründet war – in den Anfängen des Christentums gab es ihn noch nicht. Heutzutage ist das männliche Prinzip das herrschende: Wir haben den Vater, den Sohn und den heiligen Geist – das Weibliche fehlt in dieser Reihe.

Marie Louise von Franz zeigt in ihren Abhandlungen über die Alchemie, daß der christliche Glaube zum Patriarchalen tendiert. Das weibliche Prinzip wird mit der Materie in Verbindung gebracht, die ihrerseits mit dem Teufel verbunden ist. Eva ist im Bunde mit der Schlange, wodurch sie das Böse in die Welt bringt: Das weibliche Prinzip als Hexe. Die gnostischen Texte lehren uns jedoch, daß es im Ursprung eine Göttin gibt, die Vertreterin der Weisheit der Frau, die mit und neben Gott existiert: Sophia. Von Franz schreibt, daß es einige mysteriöse Hinweise auf eine dunkle, chaotische, in der Tiefe verborgene Mutter-Masse gibt, die identisch mit der Materie war. Daneben gab es eine erhabene weibliche Figur, die die Weisheit Gottes darstellte. Diese verschwand aber im Christentum, weil Gott mit dem heiligen Geist und der Christus-Seele gleichgesetzt und die Materie als Einflußsphäre des Teufels angesehen wurde.[*]

---

[*] Marie Luise von Franz: Alchemie, een inleiding tot haar symboliek en psychologie van het betekenisvolle toeval. Amsterdam 1984

Diese einseitige Sichtweise der Materie führte zu der Auffassung, die Natur (zur bloßen Materie degradiert) habe keinen anderen Zweck, als dem Menschen zu dienen – sie konnte und durfte nicht mehr wegen ihrer Geheimnisse, ihrer Schönheit und der ihr innewohnenden Göttlichkeit geschätzt werden. Weil der Mensch sich immer weiter von seinem eigenen Geheimnis und seiner inneren Weisheit (seiner Sophia) entfernte, konnte er diese auch nicht mehr in der Natur wahrnehmen. Das ins Unbewußte verdrängte Mysterium projizierte er in der Folge vornehmlich in Form von Angst auf die Natur. Daraus resultierte dann wieder eine Art von Herrschsucht, mit der der vermeintlichen Bedrohung entgegengewirkt werden sollte. Weil die Natur nicht länger als ein sinnerfülltes Ganzes betrachtet wurde, «durften» beispielsweise Tiere und Pflanzen in großem Maßstabe ausgerottet werden. Im 20. Jahrhundert hat diese Entwicklung ihren Höhepunkt in einem gigantischen Raubbau erreicht, der sowohl von westlichen Ländern wie auch von den Staaten, die dieses Modell übernommen haben, praktiziert wird. Der Punkt, von dem das Gesetz der Enantiodromie sagt, daß alles in das Gegenteil umschlägt, ist fast erreicht. Indem er den Wert der Natur verleugnete, ist der Mensch zu einer Gefahr für sich selbst geworden. Er hat seine eigene innere Natur, die so stark mit dem Weiblichen, dem Yin-Prinzip, verbunden ist, vernachlässigt, verdrängt und ausgebeutet.

Die Entwicklung und Ausdifferenzierung des bewußten Egos in unserer Kultur, verbunden mit einem immer stärkeren Übergewicht des männlichen Prinzips, läßt sich am Konzil von Konstantinopel (in Jahre 869 unserer Zeitrechnung) festmachen. Bis zu diesem Zeitpunkt wurde gelehrt, daß der Mensch aus Körper, Seele und Geist bestand. Auf dem Konzil wurde der Begriff Geist durch einen anderen ersetzt, den man am besten umschreiben kann mit «die Vernunft, die dem Geist gleicht». Dies war der symbolische Vorbote einer immer mechanistischeren Haltung gegenüber dem Leben, dem Menschen und der Natur. Damit begann man, alles auf seinen Zweck hin zu untersuchen – anstatt etwas auf seinen Sinn als Teil des Ganzen hin zu betrachten. Man fragte nun nach Ursachen und untersuchte die Folgen – die Dinge wurden nicht mehr ihrem eigenen Wesen gemäß betrachtet. Und wenn Zweck und Nutzen einer Sache nicht offensichtlich waren, wurde die Sache als wertlos angesehen.

Eines der Probleme, mit denen sich die ersten Missionare bei der Bekehrung der skandinavischen Länder konfrontiert sahen, war die Einführung des siebten Tages als Ruhetag zur Ehre Gottes. Die Arbeit war doch heilig, sie war ein Ziel an sich! Man diente Gott in den täglichen Beschäftigungen und brauchte keinen besonderen Tag der Verehrung. Diese Haltung liegt der Yin-Weisheit viel näher, als man glaubt. In dieser Sichtweise dürfen die Dinge so sein, wie sie sind. In allem wird das Mysterium, das Göttliche, das Anregende erfahren. Gemäß dieser Sichtweise hat alles einen bestimmten Sinn und Wert, welcher aber nicht aus einer Beurteilung abgeleitet wird, sondern aus einem Gefühl des Einsseins. Alles darf einfach *sein,* ohne Beschreibung, Beurteilung, Begründung – ohne daß es in eine «Schublade» passen muß.

Es ist ein enormer Unterschied, ob wir unsere Arbeit als etwas Göttliches ansehen, als einen zutiefst sinnerfüllten Teil unseres Lebens, oder ob diese für uns nur ein Mittel zum Broterwerb und zur Absicherung des Alters darstellt. Wenn die Arbeit nur ein Mittel ist und wir ihren ideellen Wert nicht erkennen, wird sie automatisch zur Pflicht, zum notwendigen Übel. Wenn wir das Besondere des täglichen Lebens, das Mysterium der alltäglichen Wirklichkeit, nicht mehr erkennen und fühlen können, wird der religiöse Archetypus, der jedem Menschen innewohnt, sich einen Weg suchen, auf dem er sich manifestieren kann. Diese «Umleitung» kann sich auf Dinge richten, die nur noch wenig mit Gott zu tun haben. Geld, Sicherheit und dergleichen üben dann vielleicht eine göttliche Anziehungskraft aus und machen uns zum Sklaven unserer Arbeit.

Die inzwischen übermächtige Tendenz, alles auf seinen Zweck hin zu betrachten, läßt eine Reihe von Dingen als «sinnlos» erscheinen. Zum Beispiel gelten Herumsitzen und Tagträume als Zeitverschwendung. Selbst Freude und Vergnügungen sollen schon einem bestimmten Ziel dienen, zu irgend etwas führen oder nützlich sein. Wir hetzen uns ab, um Zeit zu «sparen» – und dann suchen wir uns ein «sinnvolles» Hobby, um unsere Zeit nicht zu «vertun». Die Zeit wird sogar zum Feind: Warten wird als Problem erfahren, weil es zu nichts «dient», und wir tun alles mögliche, um Zeit «totzuschlagen». Worin wir kein Ziel und keinen Nutzen sehen können, was nicht in ein logisches Konzept paßt, ist «müßig», wenn nicht gar «sündhaft». Damit kommen wir zum nächsten Problem in unserer Kultur.

Schuld und Buße, Böse und Gut

Gott, der Vater im Himmel, wurde im Laufe der Zeit immer mehr mit Liebe und Güte in Verbindung gebracht; er wurde als ein Patriarch gesehen, der jeden Menschen gerecht beurteilt und Gerechtigkeit walten läßt. Das Böse ist nicht länger ein Teil Gottes; dieser verkörpert nicht mehr die Polarität von Gut und Böse, sondern nur noch eine Facette des Ganzen. Der Teufel wird so zu etwas Isoliertem, das die andere Hälfte der Polarität versinnbildlicht: Das Schlechte, Verführerische, Ungerechte, Wollüstige, Materialistische, Zerstörerische usw. In anderen Religionen verkörpern die Götter eine Dualität – sie geben *und* nehmen; ein jeder von ihnen ist auf seinem Gebiet sowohl konstruktiv als auch destruktiv. Die Einheit von Gut und Böse in einem einzigen Gott gibt es im Christentum nicht beziehungsweise nicht mehr. Diese Trennung stellt uns – sowohl, was die Kirche als auch die Gesellschaft betrifft – vor Probleme. Denn wie sollen wir zum Beispiel mit dem Buch Hiob umgehen, in dem uns Gott, der Allwissende und Gute, als jemand erscheint, der nicht gerade gerecht und offensichtlich gar eifersüchtig ist?

Gott gab uns durch Moses die Zehn Gebote, das Gesetz, das wir beachten sollen. Hier sehen wir ihn in seiner Funktion als feste, himmlische Autorität, deren Rache wir nicht ungestraft herausfordern dürfen. Ein wichtiger Prozeß der menschlichen Entwicklungsgeschichte ist die allmähliche Verinnerlichung von ursprünglich äußeren Werten. Anfangs unterwarfen wir uns einer Macht, die wir als äußerliche ansahen. Später, in einem langewährenden Prozeß, sind wir unbewußt dazu übergegangen, die Gebote dieser Macht als von innen, aus unserem eigenen Wesen stammend, zu erfahren. Aus Jungianischer Sicht bedeutet das folgendes: Über Jahrhunderte hinweg wurde gegenüber einer himmlischen Macht auf bestimmte Weise Gehorsam geleistet, welcher damit für die Menschen dieses Kulturkreises Teil des kollektiven Unbewußten beziehungsweise Teil des kulturgeschichtlichen Erbes wurde. Dieser Teil wirkt nun von innen her; er beeinflußt unsere Handlungen und unsere Lebenshaltung, ohne daß wir uns darüber im klaren sind. Das bedeutet, daß auch derjenige, der sich einen überzeugten Atheist nennt, durch Werte bestimmt ist, die aus den Anfängen des Christentums herrühren – weil er ein Teil dieser Kultur ist.

Weil die autoritäre himmlische Macht dominierend im Vordergrund stand, wurde der Mensch als Individuum mit einer eigenen Persönlichkeit entwertet. Uns allen, Männern wie Frauen, werden die verschiedensten Schuldgefühle mitgegeben; wir erfahren schon früh, daß unser Gefühl des Selbstwertes äußerlichen Grenzen unterliegt. Das muß uns nicht bewußt sein; manchmal aber wissen wir es im Kopf und dann wieder nicht «im Bauch». Jedenfalls ist ein großer Teil unseres Verhaltens durch diese Entwicklung geprägt. Nun werden unbewußte Inhalte immer auf die Außenwelt projiziert. In einer Welt, in der Kirche und Religion an Bedeutung verloren haben, wird die «Allmacht» der «himmlischen Autorität» oft auf den Staat projiziert, womit die moralischen Werte der Gesellschaft zur Norm für das noch unpersönliche Ego werden. Der Mensch, der sich in psychischer Hinsicht entwickeln will, wird sich deshalb mit den allgemein anerkannten Werten auseinandersetzen müssen. Das wird ihm manchmal das Gefühl geben, «nicht mehr dazuzugehören». Die meisten Leute aber bleiben, ungeachtet ihres Bildungsniveaus und ihrer gesellschaftlichen Stellung, der Tradition der patriarchalischen Werte verhaftet. Was das Gefühl der Allmacht angeht, sind in unserer heutigen Gesellschaft zwei extreme Einstellungen zu beobachten. Einmal wird Gott auf den Staat projiziert, welcher dann immer nur «gut» ist und nichts mehr falsch machen kann. Diese Haltung wird in einigen totalitären Diktaturen auf die Spitze getrieben. Das andere Extrem ist das, wenn die Figur des Teufels auf den Staat übertragen wird, welcher dann als korrupt, bedrohlich, krank und generell als «schlecht» angesehen wird. Die Vertreter beider Gruppen stehen zueinander im denkbar schärfsten Widerspruch.

Die Minderwertigkeitsgefühle, die unsere Kultur herangezüchtet hat, setzen auch noch andere Projektionen und Handlungsweisen in Gang. Es ist kein Geheimnis, daß viele Menschen ihren Mangel an Eigenwert durch Überkompensation wettzumachen versuchen. Indirekt sondert man sich dadurch ab: Man muß erfolgreicher sein als der andere und ihm am besten noch die Butter vom Brot nehmen. Dabei predigt die christliche Kultur doch selbstlose Nächstenliebe und uneigennützige Hilfe!

Seit Jahrhunderten wird dem Menschen unseres Kulturkreises schon mit der Muttermilch eingeflößt, daß er ein «Sünder vor Gott» ist. Sünde und Schuld sind zur Basis des jüdisch-christlichen Denkens geworden. Unsere größte Sünde besteht im Zulassen instinktiver Triebe – welche aber die Grundlage unserer menschlichen Natur bilden! Wir fühlen uns schuldig, zu sein, was wir sind: Menschen. Menschsein an sich bedeutet Aggressivität und Destruktivität, Machtstreben usw... Alle diese Bedürfnisse dürfen nicht, soll sich der Mensch seinem Wesen gemäß zum Ausdruck bringen, ständig frustriert werden. Alle instinktiven Triebe aber werden als «böse» abqualifiziert, was nichts anderes heißt, daß wir uns selbst aufgrund unserer menschlichen Natur ablehnen.

Da diese Triebe mit Schuldgefühlen verbunden sind, ist es nur logisch, daß wir sie am liebsten verleugnen. Es ist einfacher, sich mit dem Guten zu identifizieren und damit als nützliche Glieder der Gemeinschaft in die Gruppe aufgenommen zu werden. Aber wenn wir unsere Instinkte nicht anerkennen, wenn wir ihnen nicht den von der Natur vorgesehenen Platz einräumen, werden sie sich letztendlich zu solch starken unbewußten Energiefeldern auswachsen, daß sie unser bewußtes Handeln beeinträchtigen. Im Extremfall können sie uns zu Menschen machen, die das Gegenteil von dem tun, wozu sie sich bekennen. Im wahren Wortsinne asoziales Verhalten, eine starke Ich-Prägung und egoistisches Handeln unter dem Deckmantel des Guten sowie ein starker Machttrieb – verkleidet als «sein Bestes für die Allgemeinheit geben» – sind dafür typische Beispiele. Diese Eigenschaften bestimmen uns vielleicht in hohem Maße; wenn wir sie nicht wahrhaben wollen, sehen wir sie nur bei dem Anderen. Wir fühlen uns berechtigt, den Anderen zu be- und verurteilen, zu bekämpfen, zu bestrafen und vielleicht sogar aus dem Weg zu räumen: Er verkörpert schließlich das Böse, das unsere Tugendhaftigkeit bedroht. Aber dieses Böse wird uns immer wieder über den Weg laufen – es ist ein Teil unserer selbst. Es ist wohl deutlich, daß wir alle als Teil unserer Kultur mehr oder weniger stark in diesen Prozeß einbezogen sind. Das hat zur Folge, daß wir unsere Kinder mit einer doppelten Moral konfrontieren, was sich, wie schon in den vorhergehenden Kapiteln besprochen, im 12. Haus des Kindes spiegelt.

Schmerz, Leiden und Versagen

Die Tatsache, daß Gott nur Liebe und Güte ist, hat noch eine weitere Konsequenz. Leiden, Schmerz, Elend, Schicksalsschläge, Tod, Verderben, Kummer und Zerstörung – all dies gehört nicht zur Wirklichkeit des christlichen Gottes. Insofern kann man sie nur als Strafe sehen, als Versagen, als etwas, das nicht gottgegeben ist und was deshalb eigentlich nicht sein darf. Diese Dinge sind ihres göttlichen Wertes beraubt worden, haben ihren Sinn und ihre Daseinsberechtigung verloren. Das spiegelt sich wider in Fragen wie »Womit habe ich dieses Elend verdient?« oder »Wie komme ich um Himmelswillen wieder aus diesen Schwierigkeiten heraus?«

Stellt man die folgenden Fragen, tritt eine ganz andere Haltung zutage: »Welchen Sinn hat dieses Ereignis, was hat es mir zu sagen?« oder: »Welcher Teil meiner selbst muß erneuert oder verändert werden?« Das Annehmen der Ereignisse und das Akzeptieren der wichtigen Rolle, die Schmerz und Kummer spielen können, werden uns den Wert, den Sinn und die Bedeutung des Geschehenen eröffnen sowie die kreativen Möglichkeiten, die diesem innewohnen. Dies kann uns helfen, den Schmerz zu ertragen und den Kummer zu verarbeiten.

Heutzutage sehen die meisten Menschen Leid als Strafe an. So kann man religiöse Menschen, die regelmäßig zur Kirche gehen, nach einer schockierenden Erfahrung ausrufen hören:»Wie kann ein Gott der Liebe so etwas zulassen? Gibt es diesen Gott überhaupt?« Viele können derartige Ereignisse nicht mit der Vorstellung von einem «guten» Gott in Einklang bringen. Nur mit dem «blinden» Vertrauen werden alle Geschehnisse als Gottes Wille ausgelegt.

In dem eben beschriebenen Weltbild ist, wie bereits angeführt, kein Platz für menschliches Leid, für Schmerz und Gram. Was vielleicht noch schlimmer ist – unterschwellig klingt das Urteil der Umgebung mit:»Daß dir das passiert, wird wohl deine gerechte Strafe sein. Es beweist, daß du nicht richtig lebst.« Wer aus irgendeinem Grunde in Probleme gerät, erhält noch einen weiteren Schlag, er muß sich schämen oder sich schuldig fühlen. Kein Wunder also, daß Kummer und Leid soweit wie möglich geheimgehalten werden. Im Grunde müßten sie ausgemerzt werden, weil sie nicht mit dem übereinstimmen, was wir von Gott denken. In unserer Gesellschaft herrscht die Einstellung, daß Leid, Mißerfolg und Schmerz nicht Bestandteil eines normalen Lebens sein dürfen – zumindest müssen sie bekämpft werden. Natürlich plädiere ich nicht dafür, daß man Menschen ständig mit den größten Schmerzen ringen läßt. Es geht um den Schmerz, den das Leben uns bringen kann, auch in körperlicher Hinsicht. Eine Geburt wird heutzutage in der westlichen Welt immer mehr als Krankheit betrachtet (halb im Spaß wird sie manchmal «die gesunde Krankheit» genannt). Diese Auffassung führt dazu, daß der Gebärenden soweit wie möglich durch Betäubungen der Schmerz genommen wird – nach dessen Sinn und Bedeutung wird nicht gefragt. Schmerz ist ein Bestandteil des Lebens, der als Signal akzeptiert werden sollte. Meine Hebamme drückte das so aus:»Denke daran, daß jede Wehe dich deinem Kind näher bringt...« Durch eine solche Haltung, in der das Geschehen einfach angenommen wird, fühlt sich der Schmerz plötzlich ganz anders an. Sich ihm ganz und gar hinzugeben ist wahre Yin-Kunst. Ich betone nochmals, daß ich nicht gegen Betäubungen und die Bekämpfung des Schmerzes überhaupt bin – es gibt zahllose Fälle, in denen sie sinnvoll sind. Ich möchte lediglich darauf hinweisen, daß wir in unserer «Aspirin-Kultur» jegliches Schmerz-Symptom von vornherein unterdrücken und alle Schmerzen über einen Kamm scheren. Oft hat es den Anschein, als ob man den Schmerz gar nicht mehr fühlen dürfte, ohne als Masochist abgestempelt zu werden. Es wird nicht erkannt, daß die Bekämpfung des Schmerzes auf Kosten des inneren Gefühlsreichtums geht. Die zugrundeliegende Einstellung könnte wie folgt bestimmt werden: Schmerz stiftet nur Verwirrung und ist zu nichts nütze. Die körperliche Wahrnehmung darf beeinträchtigt und eine abstumpfende Wirkung auf die Psyche ausgeübt werden, wenn nur möglichst schnell die peinigenden Symptome verschwinden. Auf diese Weise kann uns die Bedeutung des Schmerzes niemals bewußt werden. Es gibt inzwischen einige Therapeuten, die den Sinn unangenehmer körperlicher Wahrnehmungen als Begleitsymptome eines Transformationsprozesses nachgewiesen haben. Zu ihnen gehört unter anderem Arnold Mindell mit seiner Traum- und Körperarbeit.

Wir können im allgemeinen zwei gegensätzliche Reaktionen auf Schmerz und Leiden feststellen. Die erste besteht darin, regulierend einzugreifen und das «Böse» auszugrenzen. Das kann bis hin zur genetischen Manipulation führen, mit deren Hilfe eines Tages vielleicht «glücklichere» Menschen ohne Gebrechen geschaffen werden sollen. Dem zugrunde liegen wiederum zwei Formen von unbewußter Überkompensation: Zum einen die, daß sich der «sündige» Mensch an Gottes Stelle setzt und darüber urteilt, was zum Glücklichsein gehört und was nicht, zum anderen – ebenfalls mit der Absicht, zum Glück zu «zwingen» –, daß alles verdrängt wird, was nicht mit den verbreiteten Vorstellungen vom Guten und von der Liebe übereinstimmt. Diese verdrängten Inhalte scheinen so bedrohlich, daß sie unter der Fahne des Guten mit Feuer und Schwert bekämpft werden müssen.

Die zweite Reaktion auf Schmerz und Leid ist der ersten genau entgegengesetzt. In ihr ist keine Rede vom Recht auf Glück oder vom Kampf gegen das Böse. Hier besteht die Bereitschaft, Schmerzen zu ertragen, um «Buße zu tun». Man geht davon aus, daß der Mensch leiden *muß*, weil er es so verdient hat, und weil er erst dann vor das Angesicht Gottes treten darf, wenn er sich auf diese Weise von seinen Sünden gereinigt hat. Hier wird das Verdrängte unserer Kultur auf ein Podest gestellt, allerdings innerhalb der gesellschaftlichen Norm: Der Mensch ist sündig und schuldbeladen.

Beide Auffassungen sind gekennzeichnet dadurch, daß sie den Lebensraum für das Individuum beschneiden. Im ersten Fall muß der Einzelne einschließlich seines Körpers einem göttlichen Ideal entsprechen; er darf niemals «nur» er selbst sein oder sich seinem persönlichen Wesen gemäß entwickeln. Und auch im zweiten Fall ist es dem Menschen nicht möglich, eine eigene Lebenshaltung oder Persönlichkeit auszubilden; diese Haltung geht davon aus, daß nichts, was ohne Leiden oder Aufopferung geschieht, wirklich von Bedeutung sein kann. Auch hier haben Kummer und Schmerz keinen Eigenwert, sondern nur den, welchen ihnen das urteilende Bewußtsein zuerkennt.

Das Abweichende, Düstere, Mysteriöse, vermeintlich Nutzlose und Passive hat keinen Platz; das Yin- oder weibliche Prinzip, welches sich in Männern *und* in Frauen findet, findet keinen Lebensraum. Dabei verkörpert das Yin-Prinzip beziehungsweise das Weibliche einen fast spielerischen Ansatz, bei dem Genuß *und* Leiden möglich sind, bei dem das Drama des Lebens wirklich gespielt und erlebt werden darf. Hier werden Kummer und Leid als Teil einer lebendigen Wirklichkeit akzeptiert, ebenso wie die Zerstörung, die die Voraussetzung für eine neue Schöpfung ist. Schöpfung und Vernichtung sind zwei Seiten einer Medaille. Dem Yin-Prinzip liegt das Wissen zugrunde, daß Transformation nicht unter Beibehaltung des Alten stattfinden kann. Ehe etwas Neues entstehen kann, muß immer etwas zerstört oder vernichtet werden. Sich dem Rhythmus des Lebens hingeben, sich ihm erwartungsvoll öffnen, sich durch den Moment befruchten lassen und Freude und Leid ohne Schuldgefühl auskosten – das ist eine zutiefst weibliche Eigenschaft, eine Yin-Qualität, die unsere Kultur verloren hat.

Heute, in unserer Zeit, klopfen diese Eigenschaften an die Pforten unseres Bewußtseins. Sie wollen wieder in das Raster unserer

Wertvorstellungen aufgenommen werden, um wieder für Stabilität zu sorgen. Mit ihnen können bleibende Werte entstehen. Das Passive, Empfängliche, Phantasievolle, Träumerische, das Andersartige, «Unzurechnungsfähige», das Spontane und der Genuß – um nur ein paar Beispiele zu nennen – wollen ihren Platz wieder einnehmen. Dazu ist eine andere, offenere Lebenshaltung, ein Akzeptieren des Laufs der Dinge notwendig. Wir müssen lernen, uns *hinzugeben;* wir müssen den Drang, alles bis ins Detail beherrschen zu wollen, aufgeben. Sich im Strom des Lebens treiben zu lassen und dabei ganz bewußt zu bleiben... Diese Haltung ist in unserer westlichen Kultur seit Jahrhunderten tabu gewesen.

Empfänglichkeit und Offenheit, die Bereitschaft, sich einzulassen auf das, was sich anbietet und dieses als kreativen Impuls aufzufassen, wird als das weibliche Prinzip der Schöpfung betrachtet. Dieser Yin-Aspekt wird sowohl durch die Frau als auch durch das Weibliche im Mann vertreten. Es handelt sich um ein Fehlurteil unserer Kultur, wenn diese Seite des Ganzen als passiv und untätig abqualifiziert wird. Sie ist eine Form der Teilnahme. In seinem Buch »*Return of the Goddess*« illustriert Edward Whitmont dies sehr deutlich am Beispiel der Fortpflanzung. Auf den ersten Blick scheint die Eizelle ein passives, empfängliches Verhalten zu zeigen, eine Art friedlicher Offenheit. In krassem Gegensatz dazu stehen die Tausende von ruhelos zuckenden Spermazellen, die nur ein Ziel kennen, nämlich – in einem Akt der Aggression – in die Eizelle einzudringen. Hat eine der Samenzellen dieses Ziel erreicht, kommt es zu einer radikalen Veränderung. (Es gibt übrigens Biologen, die behaupten, daß die weibliche Eizelle «entscheidet», welche Spermazelle eindringt.) Das Männliche verliert dann seine Aggressivität. Es hat seine Energie verbraucht und wird nun passiv. Dann steigt das Weibliche aus der Tiefe auf und übernimmt die Führung. Der männliche Samen wird durch die Enzyme der Eizelle abgebaut. Seine Bestandteile werden vom Ei benutzt, um den neuen Organismus zu formen. Zunächst ist der Embryo nicht, wie früher angenommen wurde, geschlechtsneutral, sondern weiblich. In dem Auflösungs- und Umwandlungsprozeß wird das Weibliche selbst transformiert. Von außen betrachtet, zeigt es sich

110

empfänglich und scheint sich dem aggressiven Eindringling zu unterwerfen. In seinem unsichtbaren, mysteriösen Innern aber wirkt es auf aktive Weise zersetzend, wodurch Neues entsteht. Das nach außen hin aggressive Männliche erfährt zugleich in diesem inneren Heiligtum den segensreichen Einfluß der Hingabe an eine völlig andere Art der Weisheit.*

Nur dieser Vorgang allein macht schon deutlich, daß Auflösung und Zersetzung die Voraussetzungen für eine wirklich neue Schöpfung sind. Nur mit ihnen kann es zur Erneuerung des Lebens kommen. Der Impuls, der diesen «Abbruch» einleitet, wird dabei transformiert und lebt, mit einer neuen Weisheit erfüllt, weiter. Wenn das 12. Haus irgend etwas symbolisiert, dann dieses: Die vollkommene Offenheit und Bereitschaft, das anzunehmen, was sich darbietet, dieses zu integrieren und als Keim eines neuen Schöpfungsvorgangs zu verwenden. Es spielt keine Rolle, auf welchem Gebiet – Kunst, Musik oder Wissenschaft oder im täglichen Leben – die neue Form sich manifestiert. Sie kann uns zu Weisheit und innerem Reichtum führen. Wir werden erfahren, daß sich uns Türen zu unerwarteten Hilfsquellen öffnen. Wer sich dem Leben auf diese Weise hingeben will, wird – bei allem unausweichlich auftretendem Schmerz – erfahren, daß das Leben ihn trägt.

---

* Edward Whitmont: Return of the Goddess. Feminity, Aggression and the modern Grail Quest. London 1983

Kapitel 8

Die schöpferische Kraft des Unbewußten

Das 12. Haus entzieht sich jeglicher Planung oder Kontrolle. Es konfrontiert uns zu gegebener Zeit mit Emotionen, Bedürfnissen und Umständen, über deren Ursprung wir uns nicht im klaren sind. Planeten in unserem Horoskop, die mit dem 12. Haus verbunden sind, geben uns immer wieder das Gefühl, daß wir die mit ihnen verknüpften Inhalte nicht bewußt lenken oder auch nur erkennen oder verwenden können. All das haben wir bereits in den vorhergehenden Kapiteln besprochen. In dieser Hinsicht stellt das 12. Haus ein Problem dar, weil, solange wir alles klar einordnen und unter Kontrolle halten wollen, wir dessen Äußerungsformen wahrscheinlich als untergrabend erfahren. Darin spiegelt sich die vorherrschende Einstellung unserer Gesellschaft zu diesem Teil des Horoskops: »Es ist schlecht, denn wir können nichts mit ihm anfangen. Es ist schlecht, denn es ist ein Gebiet der Leere; es stellt etwas dar, was das organisierte Bewußtsein unterminiert. Es ist schlecht, weil es demotiviert und zur Passivität verleitet. Es ist schlecht, weil es mit den geheimen Feinden in Verbindung steht.« Diese Urteile sind in unserem Kulturmuster begründet. Glaubt man alle diese Vorurteile, kann man das 12. Haus nicht in seinem wahren Wesen erfahren.

Wir wollen einmal versuchen, das Ganze durch eine andere Brille zu betrachten. Wenn man sich traut, alles auf sich zukommen zu lassen, regeln sich die Dinge meist wie von selbst – auch wenn man nicht begreift, auf welche Art dies eigentlich geschieht.

Wollte man regulierend in diesen Vorgang eingreifen, würde man wahrscheinlich oft genug das Gegenteil erreichen! Es ist für unser Bewußtsein sehr störend, daß wir nicht schon vorher wissen, wie eine Sache sich entwickeln wird. Das Unbewußte wählt jedoch Wege, auf denen wir tatsächlich die Erfahrungen machen, die zu uns gehören, die eine heilende Wirkung haben und die uns manchmal sogar in gesellschaftlicher Hinsicht nützen können. Wir wollen noch einmal das Beispiel des Verlegers mit dem stark besetzen 12. Haus benutzen. Dieser verspürt vielleicht plötzlich, ohne irgendeinen äußeren Anlaß, die Idee, ein Buch zu einem bestimmten Thema herauszugeben, einfach aus Interesse an der Sache. Wenn diese Idee ihn nicht mehr losläßt, wird er sie in die Tat umsetzen, auch wenn er weiß, daß das Interesse für dieses Thema nur gering ist. Aber das scheint kein Problem für ihn darzustellen – es geht um etwas anderes, das er nicht begründen kann. Und siehe da: Gleichzeitig mit dem Erscheinen des Buches gelangt das behandelte Thema plötzlich in das allgemeine Interesse, weil zum Beispiel ein Journalist – ohne das Buch zu kennen – einen aufsehenerregenden Artikel geschrieben hat. Vielleicht gibt es dann auch eine Fernsehsendung zum gleichen Thema. Was er als persönliches Bedürfnis erfuhr, erweist sich dann als eine Vision der Zukunft. Und gerade weil er ihr, ohne den Markt genau zu sondieren, nachgab, kam sein Buch «rechtzeitig» heraus. Es lassen sich in dieser Beziehung noch stärkere Beispiele finden. 12.-Haus-Menschen können ihrer Zeit weit voraus sein, ohne es zu wissen oder zu begreifen. Im Falle eines Verlegers kann dies unter anderem bedeuteten, daß er sich auf eine unterschwellige gesellschaftliche Entwicklung einstimmt. So können die von ihm herausgebrachten Werke den Weg weisen und die weitere Entwicklung einer sozialen Gruppe oder der Gesellschaft beeinflussen.

Natürlich wird, um bei unserem Beispiel zu bleiben, nicht jedes Buch ein Treffer sein – es entstehen ja auch längst nicht alle Bücher auf diese Weise. Worum es mir hier vielmehr geht, ist das besondere, nicht genau zu beschreibende Gefühl, das dafür sorgt, daß eine Idee in uns lebendig bleibt. Diese Idee bleibt in unserem Kopf, wobei sie sich nicht störend aufdrängen muß. Sie wird als persönliches Bedürfnis erfahren, das keiner Begründung bedarf und das sich immer tiefer einsenkt. Während dieses Einsinkens kann der Verleger plötzlich die Entdeckung machen, daß er eigentlich bereits beschlossen hat, das bewußte Werk zu publizieren oder auch zu schreiben. Etwas in ihm hat diesen Entschluß gefaßt. Es geht darum, daß die innere Atmosphäre im Zusammenhang mit diesem Geschehen keine «normale» ist. Man hat sich dann dem Strom der inneren Ereignisse überlassen, in dem das Unbewußte über die Zukunft spricht. Es ist gut möglich, daß sich der Verleger auf diese Weise einen Bestseller «angelt» oder ein Werk publiziert, mit dem er an vorderster Front gesellschaftliche Entwicklungen aufzeigt, die gerade erst ins öffentliche Bewußtsein zu dringen beginnen. Auf seinem Gebiet kann dabei *jeder* unglaublich schöpferisch sein – diese Form von Kreativität ist nicht nur Künstlern vorbehalten.

Goethe hat oft gesagt, daß ihn seine Gedichte einfach überkamen, daß er sich wie in einem Traum und wie von einem inneren Zwang getrieben fühlte, sie sogleich niederzuschreiben. Wenn er dies getan hatte, fühlte er sich geläutert und – wie er es ausdrückte – von einer quälenden Seelenspannung befreit. Damit zeigt er etwas ganz Wesentliches auf: Hören wir auf den scheinbar unmotivierten inneren Drang, können wir dadurch wieder ein stückweit «heilwerden». Dadurch führen wir sozusagen eine Psychotherapie an uns selbst durch. Beim einen kann dies in stärkerer, beim anderen in weniger ausgeprägter Form geschehen. Wenn wir die mit dem 12. Haus verbundenen Gefühle negieren oder auch versuchen, die kreativen Äußerungen des Unbewußten mit einer unbefriedigenden 40-Stunden-Woche in Übereinstimmung zu bringen, geraten wir in die Gefahr, daß unsere Quelle versiegt. In diesem Fall würden wir ein ständig zunehmendes Gefühl des Unbehagens verspüren, ohne zu wissen, woher dieses eigentlich stammt. Dann würden wir einen wichtigen Ansatz zur Heilung oder zur Herstellung und Erhaltung unseres psychischen Gleichgewichts ungenutzt lassen.

Sehr deutlich wird dies in den Äußerungen, die Goethe in seinen späten Lebensjahren gegenüber Johann Peter Eckermann machte:

Jede Produktivität höchster Art, jedes bedeutende Aperçu, jede
Erfindung, jeder große Gedanke, der Früchte bringt und Folge
hat, steht in niemandes Gewalt und ist über aller irdischen
Macht erhaben. Dergleichen hat der Mensch als unverhoffte
Geschenke von oben, als reine Kinder Gottes zu betrachten, die
er mit freudigem Dank zu empfangen und zu verehren hat. Es
ist dem Dämonischen verwandt, das übermächtig mit ihm tut,
wie es beliebt, und dem er sich bewußtlos hingibt, während er
glaubt, er handle aus eigenem Antriebe. In solchen Fällen ist
der Mensch oftmals als ein Werkzeug einer höheren Weltregie-
rung zu betrachten, als ein würdig befundenes Gefäß zur Auf-
nahme eines göttlichen Einflusses. Ich sage dies, indem ich er-
wäge, wie oft ein einziger Gedanke ganzen Jahrhunderten eine
andere Gestalt gab, und wie einzelne Menschen durch das, was
von ihnen ausging, ihrem Zeitalter ein Gepräge aufdrückten,
das noch in nachfolgenden Geschlechtern kenntlich blieb und
*wohltätig fortwirkte.**

Die Forschungsarbeit Otto Kankeleits

Berufliche und private Erfahrungen weckten in dem Arzt Otto
Kankeleit das Interesse für die schöpferische Kraft des Unbewußten. Er verfiel auf die originelle Idee, namhaften Gelehrten, Künstlern, Musikern, Schriftstellern, Schauspielern und Architekten einen Fragebogen zuzusenden. Die Fragen lauteten beispielsweise:
»In welchem Ausmaß und in welcher Weise entsteht bei Ihnen die
schöpferische Leistung aus dem Unbewußten?«, »Spielen Träume
oder bildhafte Vorstellungen und Erinnerungen beim schöpferischen Prozeß eine Rolle?« und: »Besonders dankbar wäre ich Ihnen, wenn Sie mir einen schöpferischen Vorgang in seinem Ablauf
schildern würden.« Die Antworten auf diese Fragen sprachen Bän-
de. Nur sehr wenige der Befragten stellten die Wirkung des Unbe-

---

* Johann Peter Eckermann: Gespräche mit Goethe. In den letzten Jahren seines Lebens.
Frankfurt 1981 (insel taschenbuch), S. 630/31

wußten in Abrede; fast jeder erkannte an, daß es eine wichtige Rolle spielt, und für einige war es überhaupt von überragender Bedeutung. Um etwas klarer zu machen, wie die Befragten die Wirkung des Unbewußten erfuhren, gebe ich hier einige Beispiele.* Die französische Psychotherapeutin und Schriftstellerin Maryse Choisy hatte sich bei einem schweren Verkehrsunfall eine Kopfwunde und eine Gehirnerschütterung zugezogen. In ihrem Brief beschreibt sie, was danach geschah. Sie wurde operiert und mußte zwei Monate im Krankenhaus bleiben. Nach vier Monaten war sie noch nicht imstande, logisch zu denken. Sie versuchte, ihre eigene Dissertationsschrift zu lesen, konnte aber der eigenen Argumentation nicht folgen.

Meine bewußte Intelligenz schien vollkommen verschwunden zu sein. Aber während dieser Zeit schrieb ich beinahe automatisch etwa 20 Gedichte und einen Roman, ohne zu wissen, wie; sie waren ganz von selbst in meinem Geist entstanden. Viele Kritiken haben sogar gesagt, daß dies mein bester Roman sei. Er hat mir keine bewußte Anstrengung abverlangt. Es war, in der Eingebung, ein wahrhaftiger Zustand der Gnade.

Choisy schreibt weiter:

Am Ende von sechs Monaten war meine Fähigkeit, logisch zu denken, zurückgekommen, und ich verlor wieder vollkommen den Zustand der Gnade, der Leichtigkeit und spontanen, von selbst erfolgenden Schreibkunst. Ich habe niemals die beiden zu gleicher Zeit erhalten können. In dem Maße, wie die Intelligenz zurückkam, verschwand die unmittelbare Erkenntnis... Immer noch im Jahre 1944, drei Monate nach meinem Autounfall, sobald ich von der Klinik nach Hause zurückgekehrt war, fing ich ebenfalls an, viel zu malen. Ich hatte bereits vorher Malerei betrieben, aber sie war mehr gezwungen und, wie meine literarischen Werke, sehr eigenwillig. Ich wußte im voraus, was ich machen wollte, und ich arbeitete nach einem vorgefaßten Plan.

---

* Otto Kankeleit: Das Unbewußte als Keimstätte des Schöpferischen. Selbstzeugnisse von Gelehrten, Dichtern und Künstlern. München 1958 (Verlag Ernst Reinhardt)

Aber nach meinem Unfall legte ich meinen Pinsel in die Far-
ben, die mir zufällig in die Hände fielen. Ich brachte dann die-
se Farben auf die Leinwand, und ich hatte den Eindruck, daß
von diesem Moment an eine Kraft, die mir fremd war, den Pin-
sel auf der Leinwand führte. Ich fühlte mich sogar nicht mehr
verantwortlich für meine Bilder. Dennoch sagten alle Experten
einstimmig, daß meine Malerei in diesem Augenblick viel bes-
ser sei als in meinem Normalzustand. Sie war jedenfalls viel
unvermuteter und moderner.

Was wäre wohl geschehen, wenn diese Frau nicht geschrieben und
gemalt hätte? Hätte sie auch dann die segensreiche Kraft des Unbewußten erfahren können? Länger als ein halbes Jahr war sie un-
fähig gewesen, ihren Beruf auszuüben. Doch gerade in diesem
Zeitabschnitt war eine Menge geschehen. Sie selbst spricht von einem Zustand der Gnade, der verschwand, als ihre normalen intellektuellen Fähigkeiten zurückkehrten. Sie war nicht in der Lage,
beide Bewußtseinszustände miteinander zu verbinden. Ich für meine Person hege die Vermutung, daß jemand, der mit dem 12. Haus
umzugehen gelernt hat, diese beiden Welten zusammenbringen
kann.

Der Schweizer Professor Gerhard Frei schreibt:

Soweit man bei der Ausarbeitung der ungezählten Vorträge und
der vielen Artikeln der letzten 25 Jahre von «schöpferischem
Vorgang» überhaupt sprechen darf, geht es bei mir so: Sobald
ich weiß, daß ich, und sei es Monate später, ein bestimmtes
Thema zu behandeln haben, beginnt «es» innerlich in mir zu
arbeiten. Es vergeht eigentlich kein Tag, an dem mich nicht be-
wußt und halb bewußt ein Gegenstand innerlich beschäftigt,
von dem ich weiß, daß ich darüber sprechen oder schreiben
muß. Aufgefallen ist mir, wie oft mir Bücher oder Artikel, von
deren Existenz ich nichts gewußt habe, in dem Moment bekannt
werden, in dem sie für mich von Bedeutung werden. Man könn-
te an Synchronizität im Sinne von C. G. Jung denken. Oft schon
lange voraus lese ich zu einem bestimmten Thema dies oder je-
nes, schreibe etwa ein Stichwort auf und lasse alles in mir ru-

hen und unterschwellig arbeiten. Nähert sich der Termin, so steht oft plötzlich das Ganze und die Gedankenabfolge, Einteilung etc. vor mir...

Dies ist ein prächtiges Beispiel für eine schöpferische Tätigkeit, bei der man einen Prozeß einfach geschehen läßt. Die sich öffnenden Türen, von denen ich im vorigen Kapitel sprach, sind in diesem Fall die Artikel und Bücher, die einem unerklärlicherweise immer wieder im rechten Moment vor Augen kommen.

Dr. Helmut Hasse, Professor für Mathematik an der Universität Hamburg, sieht das Ganze so:

Man denkt gemeinhin, daß mathematische Wahrheiten durch logische Denkprozesse gewonnen werden. Das ist aber keineswegs immer der Fall. Gerade die größten und auf lange Zeit richtungweisenden mathematischen Entdeckungen sind zuerst mit dem geistigen Auge erschaut worden, so wie dem schaffenden Künstler sein Werk schon vor Beginn der Arbeit als Ganzes vor Augen steht. Und so wie beim Künstler die Einzelgestaltung nach den Regeln der Kunst erst auf Grund dieser Gesamtschau möglich ist, so setzt beim Mathematiker die logische Durchführung des Beweises erst nach dem Erschauen der Wahrheit ein. Richtlinie für dieses Erschauen einer mathematischen Wahrheit ist, wie gesagt, in vielen Fällen die Schönheit, der harmonische Zusammenklang in sich und mit bereits Bekanntem. Daß das so ist, mögen Sie mir glauben. Ich habe es selber erlebt, gerade bei denjenigen meiner mathematischen Arbeiten, die von der Fachwelt am meisten beachtet worden sind.

Hasse fügt noch ein Element hinzu, das vorher noch nicht genannt wurde: Die Schönheit und der harmonische Einklang, sowohl innerhalb der Theorie als auch mit dem, was bereits bekannt ist. Die Lösungen, die aus dem Unbewußten an uns herantreten, die das 12. Haus uns zur Verfügung stellt, sind sehr häufig gekennzeichnet durch eine außerordentliche Einfachheit und etwas, das in der Tat als Schönheit erfahren wird.

Der Physiker Carl Friedrich von Weizsäcker vom Max-Planck-Institut in Göttingen schreibt:

Weiß ich, daß ich eine bestimmte Frage oder ein bestimmtes Gebiet bearbeiten will, so ist ein großer, oft die Grenzen der eigenen Kraft scheinbar übersteigender Aufwand bewußter Arbeit und Konzentration notwendig. Eine solche Anstrengung allein bringt aber eigentlich nie einen wirklichen Durchbruch, sondern nur dessen Vorbereitung oder die Ausführung, also das Gehen auf einem grundsätzlich schon bekannten Wege. Bei großer Konzentration beobachte ich gelegentlich, wie die Kraft weiterzuarbeiten in einer Weise, die wie das Ausgehen eines Brennstoffes empfunden wird, irgendwann aufhört. Wenn danach eine wirkliche Entspannung glückt (sie mag Minuten, Tage oder Monate dauern), so kommt unter Umständen in einem unerwarteten Augenblick, z. B. morgens beim Aufwachen, ein Einfall, der grundsätzlich die gestellte Frage beantwortet. Danach muß wieder konzentrierte Arbeit einsetzen, um den Einfall für den Verstand zu interpretieren. ... Es kommt gelegentlich vor, daß das, was ich oben den Einfall nannte, sich im Traum formuliert oder ankündigt. Bildhafte Vorstellungen treten gelegentlich auf, aber nicht führend. Manchmal beobachte ich, daß ich mir Worte oder Sätze wiederholt vorsage, in denen das liegt, worum es sich handelt, was ich aber noch nicht verstanden habe.

Beschäftigt man sich intensiv mit einer bestimmten Materie und läßt diese dann für eine Weile ruhen, kommt es zu einer Art Inkubationszeit. Wenn die Materie dann wieder an der Oberfläche erscheint, wird man feststellen, daß in der Zwischenzeit sehr viel mit diesem Thema geschehen ist – viel mehr, als man mit bewußter Arbeit jemals hätte ereichen können. Das Unbewußte spricht am deutlichsten in den Momenten zu uns, in denen das Bewußtsein sich gerade nicht mit allerlei anderen Dingen beschäftigt. Um Einsichten aus dem Unbewußten zu erhalten, die einem weiterhelfen, sind Situationen ideal, in denen man gerade «nichts Bestimmtes» tut: ein Bad nimmt oder auf der Toilette sitzt, gedankenverloren abwäscht, wenn man gerade einschläft oder aufwacht. Bei diesen Vorgängen sehen wir, wie das Aktiv-Männliche (siehe den Schluß des vorigen Kapitels) – also die intensive Beschäftigung mit einem bestimmten Thema – ins Unbewußte sinkt und äußerlich gesehen passiv wird. Schließlich, wenn dem Stoff keine bewußte Aufmerksamkeit mehr geschenkt wird, nimmt das Unbewußte diesen auf. Es transformiert ihn, formt ihn zu etwas Neuem und gibt ihn dann an das Bewußtsein zurück. Wenn man diesen Prozeß bewußt hätte steuern oder erzwingen wollen, wäre man nicht zu einem Durchbruch gekommen!

Die amerikanische Schriftstellerin Pearl S. Buck sagt:

Jeder Roman beginnt mit einer Person, die gegebenenfalls einem Problem oder einer Idee, über die ich lange nachgedacht habe, entspringt. Eine Person versammelt zwei, drei weitere um sich, und sie erlangen in meiner Vorstellung einzeln und miteinander Leben. Ich sehe, wie sie sich bewegen, miteinander sprechen und leben. Wenn sie eine gewisse Zeit bei mir gewesen sind, manchmal eine längere, manchmal eine kürzere Zeit, tritt eine von ihnen hervor und beginnt in charakteristischen Worten zu sprechen. Sobald dieses geschieht, beginnt der Roman zu leben, und ich fange an, daran möglichst täglich zu schreiben.

Auch hier besteht keine bewußte Entscheidung oder ein vorgefaßter Plan, sondern eine Arbeitsweise, die dem Unbewußten alle Freiheit zum schöpferischen Wirken läßt. Die Hauptfigur entsteht wie von selbst. Der Prozeß ähnelt Jungs aktiver Imagination, auf die wir in Kapitel 10 eingehen werden.

Das Horoskop Pearl S. Bucks ist bekannt. Sie hat Saturn im 12. Haus – bezeichnend für jemanden, der die Struktur einer Geschichte «von selbst» entstehen läßt. Saturn ist auch Herrscher ihres 4. Hauses, so daß im 12. Haus der Herrscher von Haus 4 zu stehen kommt. Diese Position bedeutet im täglichen Leben oft ein Gefühl der Entwurzelung, das Gefühl, in der Familie oder an seinem Wohnort nicht recht heimisch zu sein. Dieses Thema kommt in Pearl S. Bucks Werk sehr deutlich zum Ausdruck, zum Beispiel in ihrem berühmten Roman *»Ostwind, Westwind«*. Vielleicht er-

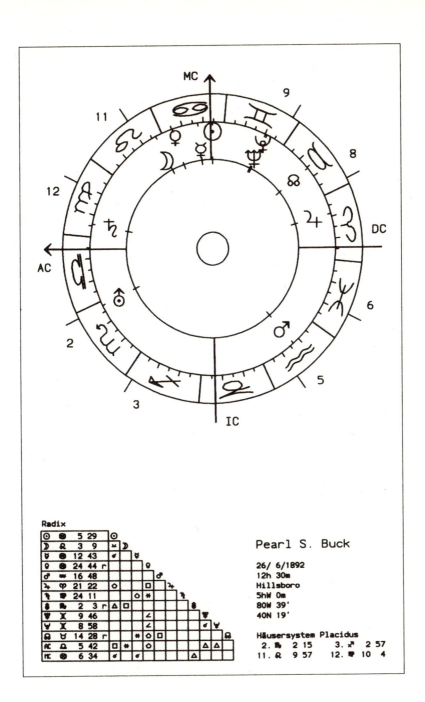

Radix

			☉	⚷	☿	♀	♂	♃	♄	☊	♆	♇			
☉	⨀	5 29	☉												
☽	♌	3 9	⛎	☽											
☿	⨀	12 43	♂		☿										
♀	⨀	24 44 r				♀									
♂	♒	16 48					♂								
♃	♈	21 22	☌			□		♃							
♄	♍	24 11			☍	✳			♄						
⚷	♏	2 3 r	△	□						⚷					
♅	♏	9 46			∠						♅				
♆	♊	8 58			∠						☌	♆			
♇	♉	14 28 r			✳	☌	□						♇		☊
AC	♎	5 42	□	✳		☌					△	△			
MC	⨀	6 34	☌		☌					△					

Pearl S. Buck

26/ 6/1892
12h 30m
Hillsboro
5hW 0m
80W 39'
40N 19'

Häusersystem Placidus
2. ♏ 2 15   3. ♐ 2 57
11. ♌ 9 57   12. ♍ 10 4

121

laubte die Ausarbeitung dieses Themas es ihr, mit den eigenen Gefühlen ins reine zu kommen. Jedenfalls konnte sie ihre Bücher mit einer großen inneren Kraft ausstatten. Den Dingen ihren Lauf zu lassen hat sich für sie als eine wichtige Arbeitsweise herausgestellt, mit deren Hilfe sie nach außen hin Haltung bewies (Herrscher von 12 am MC) und mit der sie sich selbst identifizieren konnte (Herrscher von 12 in Konjunktion mit der Sonne).

Zum Abschluß noch ein Auszug aus einem Aufsatz des berühmten Dirigenten Prof. Eugen Jochum mit dem Titel *»Zur Phänomenologie des Dirigierens«*:

Ich pflege mich zunächst dem Werk gegenüber sozusagen passiv zu verhalten, d.h. jene Unvoreingenommenheit herzustellen, jene Offenheit, in der das Kunstwerk am besten seine ihm eigene Wirklichkeit entfalten kann. ... Das Tempo stellt sich auf diese Weise «von selbst» ein, das Stück wird so selbstverständlich *(d.i. durch und aus sich selbst verständlich), daß es zu leben anfängt, und zwar sein eigenes Leben, dem Zugriff meines bewußten Willens und formenden Impulses noch so gut wie ganz entzogen. Der eben als Passivität definierte Zustand erweist sich jetzt als mehrschichtig;* passiv *sind eigentlich nur die intellektuellen Schichten des Bewußtseins, ausgeschaltet ist nur der bewußt besitzergreifende, formende Wille, dagegen sind die tieferen Schichten des Bewußtseins von einer vibrierenden Wachheit, hingespannt auf das sich darbietende Werk, so daß sozusagen ein emotionales Spannungsfeld entsteht, in dem «der Funke überspringt». Dieser Punkt ist entscheidend. Wenn er erreicht ist, kann und muß mit aller Präzision die bewußte Arbeit einsetzen; wichtig ist nur, daß der Willensimpuls und die bewußte Kontrolle nicht zu früh einsetzen und damit die Eigenpersönlichkeit sich nicht an falscher Stelle einschaltet. Ethisch gesehen handelt es sich hier also um die Haltung der demütigen Entgegennahme eines Gesetzten, des Horchens auf dessen inneren Sinn.*

Ein weiteres Mal zeigt sich hier, daß ein Zurücktreten des Bewußtseins, ein Akzeptieren der Tatsache, daß in uns etwas Unbe-

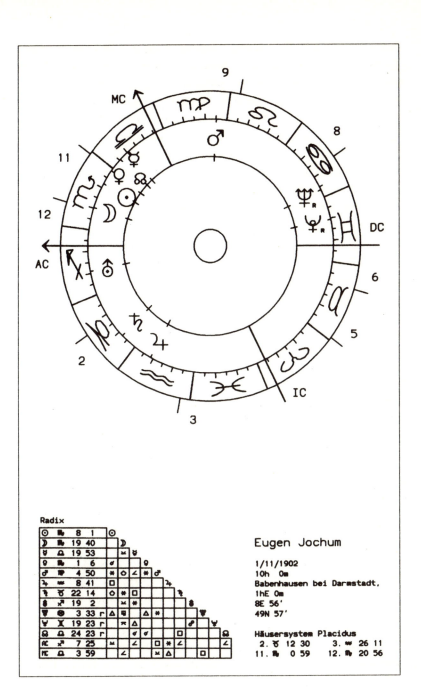

Radix

☉	♏	8	1		☉										
☽	♏	19	40			☽									
☿	♎	19	53		⚹	⚹	☿								
♀	♏	1	6		♂			♀							
♂	♍	4	50		⚹	☌	⚼	⚹	♂						
♃	♒	8	41		□					♃					
♄	♉	22	14		☍	⚹	□				♄				
♅	♐	19	2		⚼	⚹						♅			
♆	♋	3	33	r	△	⚻		△	⚹				♆		
♇	♊	19	23	r	⚺	△					⚹			♇	
☊	♎	24	23	r		⚹	☌		□						☊
⚷	♐	7	25		⚼		∠	□	⚹	∠					∠
⚸	♎	3	59		∠			⚼	△				□		

Eugen Jochum

1/11/1902
10h 0m
Babenhausen bei Darmstadt,
1hE 0m
8E 56'
49N 57'

Häusersystem Placidus
  2. ♉ 12 30   3. ♒ 26 11
11. ♏ 0 59   12. ♏ 20 56

123

herrschbares wirkt, zu großartigen Resultaten führen kann. Auch Eugen Jochums Horoskop ist bekannt. Wie wir sehen, hat bei ihm das 12. Haus einen starken und spannungsreichen Einfluß. Der Mond steht an dessen Spitze, und der Herrscher dieses Hauses, Pluto, bildet mit dem Mond und Saturn eine Yod-Figur. Des weiteren steht Pluto in Opposition zu Uranus und im Trigon zu Merkur. Auch in diesem Horoskop ist also – wie bei Pearl S. Buck – eine Verbindung zwischen dem 12. Haus und Saturn gegeben. Während sich bei der Schriftstellerin die *Struktur* einer Geschichte von selbst herausbildet, stellt sich bei Eugen Jochum das *Tempo* von allein ein. Jochum führt weiterhin aus, daß er seine eigenen formgebenden Impulse erst in einem späten Stadium der Bearbeitung hinzufügt – zunächst muß das Stück selbst sprechen. Formende Kräfte hängen vor allem mit dem Mond und mit Saturn zusammen, und diese beiden stehen bei Jochum mit dem Herrscher des 12. Hauses in einer Yod-Figur zueinander! Das Spannungsfeld einer Yod-Figur, das Unsichere, Abtastende, Suchende, das mit dieser Konstellation einhergeht, kann zu einem Talent werden, wenn dem Inneren gestattet wird, sich zum Ausdruck zu bringen, wenn gewartet und Sensibilität gezeigt wird. Dieses mit dem 12. Haus verbundene Yod hat Eugen Jochum zu einem der größten Dirigenten unseres Jahrhunderts gemacht!

Diese auf verschiedenen Erfahrungen und Standpunkten basierenden Beispiele zeigen, daß es lohnend ist, sich etwas Unsichtbarem auszuliefern, das sich nicht steuern und kontrollieren läßt und das Geduld für eine Antwort verlangt. Dieses «Etwas», das Unbewußte und Empfängliche in uns, kann uns durch schwere Zeiten führen. Voraussetzung dafür ist, daß wir es fertigbringen, uns von der Fixierung auf ein Problem loszumachen. Das und nichts anderes ist die Rolle des 12. Hauses in unserem Horoskop. Dieses Haus an sich zerstört nichts. Wenn wir es richtig verstehen, hilft es uns, einen gedanklichen Impuls einer neuen Situation anzupassen und dadurch ein Problem zu lösen. Dies wird möglich, weil der Impuls durch das 12. Haus zersetzt wird. Je fester wir alten Mustern verhaftet sind und je weniger psychische Flexibilität wir aufbringen, desto härter trifft uns diese Zersetzung. Aber auch in diesem Fall kann das 12. Haus noch bereichernd wirken – was wir meistens allerdings erst im Nachhinein merken. Wichtig ist, Verständnis für diese Prozesse aufzubringen. Darum werden wir uns in den nun folgenden Kapiteln mit der aktiven Arbeit in diesem Bereich beschäftigen.

Kapitel 9

Bewußte Arbeit mit
dem 12. Haus

In unserer schnellebigen Gesellschaft, in der Zeit Geld und Stillstand Rückschritt bedeutet, führen Planeten im 12. Haus oder im
Aspekt zu dessen Herrscher leicht zu Schwierigkeiten. Diese Planeten können sich nur entfalten, wenn bestimmte Voraussetzungen
erfüllt sind, die im Widerspruch zu unserer Zeit stehen. Das 12.
Haus ist das Gebiet der Träume und deren Symbolik. Das Wissen
um die Bedeutung der Träume kann für das alltägliche Leben eine
große Hilfe sein. Allerdings muß man sich die Zeit nehmen, Träume in sich aufsteigen zu lassen. Wenn man morgens beim Wecker-
rasseln gleich aus dem Bett springt – der Wecker klingelt erst auf
«den letzten Drücker», weil man ja jede Sekunde Schlaf «ausnut-
zen» will – und sofort aus dem Haus stürzt, um ja noch rechtzeitig
zur Arbeit zu kommen, wird man nichts vom gerade Geträumten
auffangen können. Läßt man dagegen den Wecker früher klingeln
und bleibt noch ein Weile entspannt liegen, so besteht die Chance,
daß Teile oder vollständige Träume in das Bewußtsein dringen.
Nimmt man sich die Zeit, diese Bilder wirken zu lassen und
schreibt sie auf, so können über einen längeren Zeitraum hinweg
die Träume enthüllen, welche Themen im Unbewußten arbeiten.
Das Unbewußte stellt ganz sicher keine Sammlung von ausschließlich negativen Dingen dar. Es ist eine psychologische Gege-
benheit, ein wunderbares Gegenstück zum Bewußtsein. Träume
gehören zu den wichtigsten Informationsquellen, wenn es darum
geht herauszufinden, wo und auf welche Art etwas reguliert wird.

In der Phase zwischen Schlafen und Wachsein, bei der Mittagsruhe in halbbewußtem Zustand, in der Entspannung und in der Stille befinden wir uns in einer Lage, in der das 12. Haus sich bemerkbar machen kann und sogar aktiv zu werden scheint. Alle Situationen, in denen wir ganz entspannt sind und unter keinem Druck stehen, in denen eine stille, empfängliche Stimmung über uns kommt und der Leistungszwang in den Hintergrund tritt, sind geeignet, die Kraft des 12. Hauses zu erfahren. Wenn man bereit ist, das Leben zu nehmen, wie es kommt, wenn kein Zeit- oder Erwartungsdruck besteht, wenn nur das *Sein* im Vordergrund steht, dann kann das 12. Haus sich optimal entfalten. Solche Situationen ergeben sich zum Beispiel, wenn man gedankenverloren den Abwasch erledigt, kurz vor dem Einschlafen oder dem Aufwachen ist, im Badezimmer, während man beim Angeln auf den See starrt oder durch den Wald oder am Strand spazieren geht. Die Zahl der Möglichkeiten ist endlos, und unser 12. Haus ist sehr oft aktiv. Aber wenn wir nach dem Innehalten sofort wieder in Streß und Hetze verfallen, lösen sich die Botschaften aus dem Bereich des 12. Hauses wieder in Nebel auf. Dann bleibt es ungreifbar wie eh und je.

Ich habe häufig festgestellt, daß Menschen mit Uranus im 12. Haus oder im Aspekt mit dessen Herrscher eine Art untergründige Nervosität ausstrahlen. Es ist, als ob ein Teil ihrer selbst unter der Oberfläche ständig auf dem Sprung ist. Dieser Menschentyp kann plötzlich und unerwartet die wunderbarsten Eingebungen haben oder blitzartig ein Problem durchschauen – nur dann nicht, wenn er seine bewußte Aufmerksamkeit auf dieses richtet. Wenn sich dieser Mensch während seiner Arbeitszeit zur Kreativität zwingt, wird er merken, daß er keinen Erfolg hat und daß er unwillkürlich unruhig und gereizt wird, ohne zu wissen, warum. Doch wenn er weiß, wie Uranus in Verbindung mit dem 12. Haus wirkt, wird er vielleicht feststellen, daß er morgens beim Rasieren phantastische Einfälle hat oder daß er, wenn er vor einer roten Ampel seinen Blick umherschweifen läßt, plötzlich die Lösung für ein Problem vor sich sieht, das ihn schon eine ganze Weile beschäftigt hat. Gerade dann, wenn das Bewußtsein einmal «Pause hat», taucht diese äußerst wertvolle intuitive Hilfe aus dem Unbewußten auf. Wer also eine solche Konstellation in seinem Horoskop hat, sollte sich Schreibzeug neben sein Rasiergerät oder auf den Toilettentisch legen, ständig ein Notizbuch bei sich tragen oder vielleicht auch ein Diktiergerät in seinem Auto haben. Nach einiger Zeit wird man dann eine Menge bemerkenswerter Ideen und Einsichten gesammelt haben, von denen einige «goldrichtig» sein können.

So kann jeder Planet im 12. Haus oder im Aspekt zu dessen Herrscher Hilfe leisten – wenn man nur die notwendigen Voraussetzungen schafft. Manchmal ist es auch wichtig, allein zu sein. Viele Menschen können sich erst dann, wenn sie alleine sind, wirklich entspannen, weil sie dann nicht das Gefühl haben, etwas leisten zu müssen. Es ist bemerkenswert, daß gerade Menschen mit einem stark besetzten 12. Haus oder einem stark aspektierten Herrscher von 12 sehr aktiv werden, wenn sie alleine sind – von Langeweile kann bei ihnen keine Rede sein. In einer solchen Situation können die inneren Inhalte Aufmerksamkeit erregen. Ist man ihnen gegenüber wirklich offen und nimmt das Angebot freudig wahr, so muß man nicht fürchten, daß die zu Anfang besprochenen negativen Entwicklungen zum Tragen kommen.

Die Auseinandersetzung mit dem 12. Haus kann als zweistufiger Prozeß gesehen werden:

1. Wir können eine der Methoden, bei denen dem Unbewußten Aufmerksamkeit gewidmet wird, bewußt als Technik benutzen, um so das 12. Haus wirklich kennenzulernen. Das 12. Haus manifestiert sich unter anderem im Traum, in der Meditation und der Phantasie, in Assoziationen und der aktiven Imagination. Wir können eine oder mehrere dieser Techniken bewußt einsetzen, um uns gezielt mit einem Planeten im 12. Haus oder im Aspekt mit dessen Herrscher auseinanderzusetzen, was uns erlaubt, seine Wirkungsweise und seine Bedeutung für unsere Psyche zu erkennen. Da auch die Phantasie und die Vorstellungskraft zum 12. Haus gehören, steht uns im Prinzip eine unendliche Anzahl von Methoden zur Verfügung. Hat man sich erst einmal mit dem 12. Haus beschäftigt, kann man auch eigene Methoden anwenden, um den Kontakt mit dem Unbewußten aufzunehmen. Diese Wege bieten sich oft wie von selbst an.

2. Wir können die Methoden, die uns den Zugang zum 12. Haus verschafft haben, auch auf andere Inhalte des Horoskops übertragen. Auf diese Weise können wir mit Hilfe von Symbolen und Bildern oder auch rein gefühlsmäßig ergründen, wo die Schwierigkeiten im eigenen Charakter liegen. Ist man auf diesem Wege, ohne Hilfe des bewußten Willens oder des steuernden Egos, einmal bis zu bestimmten Horoskop-Faktoren vorgedrungen, so steigen wie von selbst kreative Problemlösungen aus dem Unbewußten auf. Diese Lösungen und Wege mögen zunächst zweifelhaft erscheinen – das liegt daran, daß sie eben nicht vom bewußten Verstand stammen. Kommt man dem Vorschlag des Unbewußten jedoch wirklich nach (hierüber später mehr!), wird sich in der Regel erweisen, daß er äußerst sinnvoll war. Wir müssen dabei stets bedenken, daß das Unbewußte sich nicht mit etwas wie «Ehre» oder den Werten beschäftigt, die für das Bewußtsein wichtig sind. Vielleicht ist es in psychischer Hinsicht von größter Wichtigkeit, im Leben einen Schritt zurück zu tun, während im bewußten Denken gerade ein Fortschritt, eine Erweiterung in Erwägung gezogen wurde. Wer mit dem 12. Haus auf eine bewußte Art und Weise umgeht, wird bald erkennen, was für seine gesamte psychische Verfassung von Nutzen ist. Wer diese Erkenntnis berücksichtigt, wird eher imstande sein, sein lebenswichtiges Gleichgewicht aufrechtzuhalten. In den folgenden Abschnitten werden wir auf diese Gedanken noch tiefer eingehen.

Die Arbeit mit Planeten des 12. Hauses

»Was kann man mit Planeten im 12. Haus oder im Aspekt zu dessen Herrscher *konstruktiv* anfangen?« Diese Frage gab ich in meinen Workshops nach dem zweiten Abend als Hausaufgabe für den dritten auf. Es war auffallend, daß spontan immer wieder die eher negativen Erfahrungen angesprochen wurden – so nannten meine Schüler für die negativen Auswirkungen jedes einzelnen Planeten viele Entsprechungen, viel mehr, als zur konstruktiven Wirkungsweise. Meistens wurden die allgemein bekannten Begleitfaktoren dieses Hauses angeführt. Als positiv standen immer wieder im Vordergrund: Dienstbarkeit, religiöses Erleben, Sozialarbeit, persönlicher Einsatz für die Dritte Welt, Kunst, die Fähigkeit, Beziehungen zu erkennen und das Gefühl der Einheit mit dem Rest der Welt oder mit dem Leben an sich. Dabei schien keine Rolle zu spielen, welcher Planet es ist, der im 12. Haus steht: Man ist sensibel, hat schnell Mitleid, geht gern im Wald spazieren und fühlt sich sehr unsicher. Es spielt aber sehr wohl eine wichtige Rolle, um welchen Planeten es sich handelt. Es hat den Anschein, als müßten wir aufgrund mangelnder Erfahrung die konstruktiven Seiten dieser anderen Sicht- und Lebensweise erst noch erkennen lernen. Tatsächlich ist es nicht so, daß man gerne im Wald spazierengeht, weil irgendein Planet mit dem 12. Haus verbunden ist. Es verhält sich eher wie folgt: Mit Hilfe eines Spaziergangs schafft man eine dem 12. Haus entsprechende Situation, in der ein bestimmter Planet zum Ausdruck kommen kann. Diese Situation steht also am Anfang. Ganz allgemein können dem 12. Haus entsprechende Umstände die Wirkung *jedes* Planeten begünstigen. Aber jeder Planet wird gemäß seinem spezifischen Wesen in Erscheinung treten.

Willst Du aktiv am Ausdruck eines bestimmten Planeten arbeiten, mußt Du Dich zunächst in dessen Wesen vertiefen. Als erstes solltest du die Dinge betrachten, mit denen er in der äußeren Welt in Zusammenhang steht. Schaffe dann eine ruhige und entspannte Atmosphäre ohne Leistungsdruck oder Zwänge und gib dem Planeten Zeit. Nehmen wir einmal an, daß es sich bei dem Planeten im 12. Haus um Merkur handelt. Im äußerer Beziehung hat Merkur mit dem Schreiben, mit Schreibwerkzeugen, Papier, Zeichnen, Dichten und Rätseln zu tun, mit kurzen Kontakten und Reisen, mit Handel und Verkehr, um nur einige Beispiele zu nennen. Nimm nun eine Beschäftigung auf, die dem Planeten entspricht. Greife zu einem Bleistift und schreib – ohne zu überlegen – irgend etwas hin. Verbessere nichts, laß kommen, was kommt. Du kannst auch etwas zeichnen, dich in die Straßenbahn setzen oder an einem Tag, wenn viel los ist, in den Menschenstrom der Innenstadt eintauchen. Erwarte nichts und registriere nur, was passiert.

Wahrscheinlich wird nichts «Großartiges» passieren... Aber... Gedanke reiht sich an Gedanke... (Merkur). Beim Zeichnen kommt vielleicht etwas heraus, womit du niemals gerechnet hättest und was du nicht begreifst. Letzteres ist auch nicht nötig. Wenn du etwas geschrieben hast, steht auf dem Papier vielleicht eine Geschichte, die du eigentlich ziemlich blöd findest. Auch das macht nichts. Laß den Dingen ihren Lauf und laß sie dann ruhen. Nimm am nächsten Tag oder in der nächsten Woche diese Beschäftigung wieder auf. Wenn du das regelmäßig tust, wirst du irgendwann merken, daß eine Veränderung stattgefunden hat. Beim Schreiben hast du vielleicht ein komplizierteres Thema entwickelt, zu dem dir dann jemand überraschenderweise ein Buch gibt. Oder dieses Thema wird auf einmal im Radio zur Sprache gebracht. Es ist, als ob du auf unerklärliche Weise plötzlich mit der Welt im gleichen Takt schwingst.

Beim einen läuft dieser Prozeß schneller, beim anderen langsamer ab. Zeit spielt für das Unbewußte keine Rolle, und wann sich hier Einsichten ergeben, ist völlig unvorhersehbar. Viele Menschen müssen zunächst auch eine innere Hemmschwelle überwinden – sie halten es für etwas komisch, einfach drauflos zu schreiben oder zu malen. »Ich kann gar nicht zeichnen« ist der häufigste Einwand. Dabei spielt das doch überhaupt keine Rolle. Fang einfach an! Je mehr wir uns selbst beschränken, desto länger wird es dauern, bis die Prozesse des 12. Hauses in Gang kommen.

Jeder mit dem 12. Haus in Verbindung stehende Planet kann uns Freude verschaffen – es gibt in dieser Hinsicht keine Ausnahme. Übrigens ist es gar nicht unbedingt notwendig, sich aktiv mit den entsprechenden Inhalten auseinanderzusetzen – oft genügt es, sich für ein bestimmtes Thema zu interessieren. So kann zum Beispiel eine Verbindung des 12. Hauses mit Saturn ein Interesse an altem Handwerk bedeuten oder sich in der Arbeit mit Lehm, Stein, Holz, Leder usw. äußern. Auch die Beschäftigung mit der Vorgeschichte, mit Fossilien oder Skeletten, mit Architektur oder auch mit Bäumen kann mit dieser Verbindung einhergehen. Nimm ein Stück Holz oder einen Klumpen Lehm zur Hand und beschäftige dich mit diesem, in aller Ruhe, ohne Plan – folge einfach deiner inneren Stimme. Wenn du dies ein paar Mal getan hast, wirst du merken, daß sich eine angenehme und tiefe Entspannung deiner bemächtigt. Gibst du dich dieser ganz hin, kannst du dich für eine gewisse Zeit wie in einem Rausch über deine alltäglichen Probleme hinwegsetzen und ein unbeschreibliches Gefühl der Zufriedenheit und des Glücks erfahren. In einem solchen Augenblick verschwindet ein Stück Spannung, von dem du vorher vielleicht gar nicht gewußt hast, daß es existiert. Dieses mit dem 12. Haus verbundene Sich-Versenken, das Sich-Verlieren in einer anderen Welt, erhöht das innere Gleichgewicht in einer Weise, die du vorher nicht für möglich gehalten hättest.

Das Gefühl des Einsseins mit anderen ist eine weitere Qualität des 12. Hauses, die wir aktiv nutzen können. Ich möchte dies an einem Beispiel deutlich machen. Eine Verbindung von Sonne oder Mars mit diesem Haus kann es einer Person erschweren, für die eigenen Interessen einzutreten. Bei der Sonne entsteht diese Problematik aufgrund von Identitätsproblemen, bei Mars aufgrund von Angst vor Kampf und Streit. Bezüglich beider Planeten gilt, daß direkte Konfrontationen als bedrohlich erfahren werden. Hier ist es erforderlich, eine Situation zu schaffen, in der die Gefahr in den Hintergrund tritt und das Einfühlungsvermögen eine größere Rolle spielt. Menschen mit dieser Stellung könnte man beispielsweise anraten, eine fernöstliche Kampfsportart zu betreiben. Diese Sportarten verlangen, sich auf die Bewegungen und den Energieeinsatz des anderen einzustellen; der Kämpfer muß im richtigen Moment nachgeben können und erfühlen oder intuitiv wissen, wann er selbst aktiv werden muß. In einem solchen Kampf gibt es keine Bedenkzeit; die kleinsten Signale müssen – in einer eher gefühlsmäßigen als bewußten Wahrnehmung – erfaßt werden. Der Kämpfer muß vollständig im Geschehen aufgehen. Die vollkommene Hingabe an den Augenblick und das Erlebnis, daß man eins ist mit dem anderen, kann den Durchbruch eines wirklichen Talents zur Folge haben. Bei einer Verbindung zwischen Sonne oder Mars mit dem 12. Haus kann man das eigene Wesen (Sonne) beziehungsweise die eigene Kampfkraft (Mars) ganz in der Einheit von Mensch und Augenblick aufgehen lassen.

Allerdings bedeutet das 12. Haus auch eine Gefahr: die Gefahr, abhängig zu werden – den Rausch festhalten zu wollen – oder zu weit zu gehen. Diesem Haus werden ja nicht nur Alkohol und andere Drogen zugeordnet, sondern jede Form von Sucht, die die Persönlichkeit zersetzen kann. Das kann durch Abhängigkeit geschehen – in religiöser Hinsicht von einer Gruppierung oder einem Guru, ansonsten kann es sich überhaupt um einen Rausch handeln, der durch eine bestimmte Aktivität erzeugt wird (zum Beispiel Marathonlauf). Wie schon mehrfach erwähnt, gibt es im 12. Haus keine Grenzen. Wenn ein Künstler sich im Schaffensrausch befindet, wochenlang zuwenig schläft, kaum ißt und an nichts anderes denkt als an sein Projekt, erfährt er eine Form der Sucht, die typisch für dieses Haus ist. Diese Abhängigkeit wird wieder verschwinden – wenn «der Sturm vorbei» ist. (Übrigens ist diese überwältigende Erfahrung des Schaffensprozesses auch mit dem 8. Haus verbunden; die Atmosphäre und der Rausch aber gehören zum 12. Haus.)

Aktivitäten des täglichen Lebens, die uns innerlich beruhigen können, sind von angenehmen Nebenwirkungen begleitet. Erstens können wir durch diese Tätigkeiten gegen die Ängste angehen, die mit dem 12. Haus verbunden sind. Zweitens kann das, wofür der betreffende Planet steht, uns enorm stimulieren, wenn wir allein sind. Drittens sind wir mittels dieser Tätigkeiten mit einem Teil von uns verbunden, der keinerlei Beschränkung durch Zeit und Raum kennt. So können unsere Wünsche und Ideen unserer eigenen Zeit weit voraus sein. Und schließlich erlauben uns diese Tätigkeiten, allgemein Techniken und Methoden des 12. Hauses zu erlernen, mit deren Hilfe wir unser inneres Gleichgewicht wieder herstellen und psychisch wachsen können.

Zum 12. Haus gehören alle Aktivitäten und Techniken, bei denen das bewußte Ich zurücktritt und sich dem öffnet, was es noch nicht kennt oder weiß. Auch die Welt des Irrationalen ist mit diesem Bereich verknüpft. Unsere Fähigkeit zu träumen oder zu phantasieren ist ein ausgezeichnetes Mittel, mit diesen Gebieten in Kontakt zu kommen. Meditation und Gebet, überhaupt Religion, des weiteren Hypnose und aktive Imagination, Assoziationen sowie die kollektive Weisheit, die wir in Märchen, Mythen und Legenden finden, sind ebenfalls geeignet. Aktivitäten, die sich in irgendeiner Weise mit Energien beschäftigen, die von der westlichen Wissenschaft nicht anerkannt sind, die aber nichtsdestotrotz auf uns einwirken, enthalten gleichfalls Komponenten des 12. Hauses. In diese Kategorie fallen unter anderem die Homöopathie, Akupunktur, Shiatsu, die Fußreflexzonenlehre sowie Reiki und Yoga. Die aktive oder passive Hingabe an diese Beschäftigungen gibt dem Unbewußten Gelegenheit, auf konstruktive Weise in Erscheinung zu treten. Voraussetzung ist allerdings, daß man sich den damit verbundenen Veränderungsprozessen wirklich öffnet. Sonst wird die jeweilige Methode nicht mit Leben erfüllt. In diesem Falle wird man nicht die kaum zu beschreibende, gewissermaßen übernatürliche Sensibilität des 12. Hauses entwickeln können. Es besteht allerdings hier die Gefahr, das Augenmaß auf diesem Gebiet zu verlieren und die Wirklichkeit des Alltags außer acht zu lassen, was bedeuten kann, daß man zum Opfer der suchtfördernden Tendenzen dieses Horoskop-Hauses wird.

Über das 12. Haus kann man also die ihm verbundenen und zuvor ungreifbaren Planeteninhalte an die Oberfläche des Bewußtseins bringen. Daneben kann man Einsicht in das Lebensgebiet gewinnen, das mit der Kraft des kollektiven Unbewußten in Beziehung steht. Diese Prozesse können auf andere Bereiche unseres Horoskops zurückwirken. Wir dürfen aber nicht annehmen, daß das 12. Haus statisch ist. In jeder Altersstufe bietet die dynamische Beziehung zwischen Bewußtsein und Unbewußtem neue Möglichkeiten; in jeder Lebensphase können wir das 12. Haus auf verschiedene Weise benutzen.

Das 12. Haus in verschiedenen Lebensphasen

Das kleine Kind lebt in einer mythischen Welt, in der auch leblose Gegenstände beseelt sind und sprechen und handeln können. Es selbst ist Teil dieser Welt, eins mit allem darin Enthaltenen; seine Handlungen werden dem wie selbstverständlich entsprechen. Es versteht sich von selbst, daß Kinder ein oder zwei Spielkameraden haben, die nur in ihrer Phantasie existieren. Fast jedes Kind hat einen unsichtbaren Freund, den es in sein tägliches Leben einbezieht. Viele Eltern haben schon einmal einen Teller mehr auf den Tisch gestellt, weil der unsichtbare Spielkamerad ihres Kindes auch etwas zu essen bekommen sollte. Das Kind kann diesen Freund sehen und anfassen, der Erwachsene nicht. Dabei muß dieser Freund nicht unbedingt ein Mensch sein – genauso häufig sind Tiere, von der Katze bis zum Krokodil. Mit einem solchen imaginären Spielkameraden erlebt das Kind tolle Abenteuer; es tobt mit ihm herum, kann bei ihm seine Gefühle zum Ausdruck bringen und einiges bei ihm abreagieren.

Wir sollten diese Phantasiegestalt nicht als Unsinn oder Kindergeschwätz abtun. Für das Kind ist diese wirklich, und psychologisch gesehen hat sie eine nützliche Funktion. Faktisch projiziert das Kind einen Teil seiner selbst in die Außenwelt, mit dem es dann tun und lassen kann, was es will. In diesem Spiel erlernt es den Umgang mit den Dingen des täglichen Lebens und mit Situationen außerhalb seiner selbst. Ißt es selbst seinen Teller nicht leer und wird es dafür ausgescholten, kann es seinerseits den Freund ausschimpfen. Auf diese Weise kann es ein inneres Gleichgewicht zwischen der Handlung der Eltern und seinem eigenen Erleben schaffen – weil es zur aktiven Partei wird. Das gleiche Verhalten können wir auch beobachten, wenn sich das Kind mit Puppen oder Spielzeugtieren beschäftigt. Auch hier geht es um eine Projektion. Das Objekt wird «lebendig gemacht», um spielenderweise mit den Situationen des wirklichen Lebens umzugehen lernen.

Es ist sehr wichtig für das innere Gleichgewicht, die Vorstellungswelt aktiv auszuleben: sich selbst Geschichten auszudenken oder Probleme und Schwierigkeiten im Spiel, beim Malen oder im Tanz zum Ausdruck zu bringen. Die Phantasie, die selbstvergessene Hingabe an das Spiel, das Ineinanderfließen von Traum, Vorstellung und Wirklichkeit gehören allesamt zum 12. Haus.

Das Kind, das der mythischen Phase entwächst und immer mehr mit dem konfrontiert wird, was wir das «wirkliche» Leben nennen, wird schon etwas vom Unterschied zwischen der «greifbaren» Wirklichkeit und der Phantasie mitbekommen haben. Für viele Kinder verliert das Leben von dieser Zeit an an Farbigkeit und Spontanität. Den Weihnachtsmann und den Osterhasen gibt es dann nicht mehr, Bäume und Steine können nicht mehr sprechen und das Kind kann sich ein Spielzeug nicht mehr in der Einbildung vorstellen, sondern muß es in die Hand nehmen können. Dies ist der Weg zur konkreten Realität. Das *schöpferische* Kind aber wird seine Phantasie über diese Zeit hinaus bewahren, das Wunder erhalten können; dieses wird die Fähigkeit haben zu träumen *und* die Wirklichkeit wahrzunehmen. Es wird anfangen, Zukunftsträume zu phantasieren, wunderbare Träume, in denen es selbstverständlich die Rolle des Helden spielt. Wenn die Phantasie nicht blockiert wurde, verfügt das Kind hier über ein prächtiges Instrument. In seinen Träumen tastet es sein eigenes unbewußtes Potential ab und entfaltet es von innen heraus in einer ihm entsprechenden Richtung, ohne daß dies ihm bewußt wäre. Wird es nicht dazu gebracht, seine Phantasie als «Blödsinn» abzutun oder zu unterdrücken (weil es «schließlich kein kleines Kind mehr» ist), so können seine Träume und Vorstellungen ihm helfen, im Gleichgewicht zu bleiben und es vor Langeweile bewahren. Seine Phantasien werden ihm auf seinem Weg in die Zukunft hilfreich zur Seite stehen. Wenn ein Kind auf diese Weise groß wird – einerseits mit beiden Beinen auf der Erde und andererseits mit großem Freiraum für seinen inneren Bilderschatz –, wird sich eine innere Stimme oder ein bestimmtes Gefühl entwickeln, das ihm in schwierigen Situationen den Weg weist. Aufgeschlossen für die Wirklichkeit der unsichtbaren Welt, wird dieses Kind die Stimme oder das Gefühl ernstnehmen, auch wenn es vielleicht mit niemandem darüber sprechen kann. Als Jugendlicher oder junger Erwachsener wird es dann gelernt haben, auf die Stimme – wie auf subtile innere oder äußere Signale – zu hören. So wird zum Beispiel dieses Kind mühelos mit Hilfe von Musik, der Stille der Natur oder Ähnlichem wieder «auftanken» können.

Das gilt auch für den jungen Erwachsenen, der dabei ist, eine Familie oder eine Karriere zu begründen. Meist ist dies eine Phase, in der nur wenig Zeit für Ruhe und Entspannung ist – Arbeitsdruck und Kinderlärm lassen nicht viel Freiraum. Aber auch in einer betriebsamen Zeit kann das 12. Haus zum Zuge kommen, zum Beispiel beim freien Zeichnen, Malen, beim Töpfern oder Tanzen mit den Kindern oder bei dem schon häufiger angeführten Waldspaziergang. Und – nicht zu vergessen – bei der Lektüre von Märchen!

Märchen, Mythen und Legenden haben eine sehr tiefe Aussagekraft, insbesondere in ihrer manchmal grausamen ursprünglichen Form. Man muß nicht versuchen, die beängstigenden oder grausamen Szenen wegzulassen – dadurch werden die Formen nicht besser. Märchen stammen aus dem kollektiven Unbewußten. Sie bilden auf symbolische Art Lebensprobleme ab und bieten Lösungen für diese. Das Vorlesen von Märchen hat auf Kinder einen ungemein positiven Effekt. Ohne sich darüber klar zu sein, gibt man ihnen auf diese Weise einen wahren Schatz von Lebensweisheit mit. Das Märchen, das ein Kind am liebsten hört, zeigt, wie dessen Problematik in dieser Phase beschaffen ist. Natürlich wäre es bequem, zum Vorlesen den Cassettenrecorder oder den CD-Spieler einzusetzen – das entspräche aber ganz und gar nicht dem Wesen des 12. Hauses. Dieses verlangt nämlich nach einem inneren Ruhepol, der für das Kind vor allem dann gewährleistet ist, wenn es etwas zusammen mit den Eltern tut. Je mehr Anteil die Eltern nehmen, desto besser ist die Atmosphäre für das Kind. Dieses nimmt nicht nur die vorgelesenen Worte auf, sondern unbewußt auch einige der Bilder, die das Märchen bei den Eltern hervorruft. Wenn du als Vater oder Mutter teilnimmst an der Geschichte, die du vorliest, wirst auch du bestimmte Gefühle erfahren. Welche Märchen sprechen eigentlich dich selbst an? Und welche magst du überhaupt nicht? Die Geschichten symbolisieren innere Möglichkeiten oder Probleme deiner selbst. Die Inhalte, die in deinem Unbewußten lebendig werden, wenn du zusammen mit Kindern in die Welt der Märchen und Legenden eindringst, können auch für dich, für die Persönlichkeitsentwicklung eines Erwachsenen, von großer Bedeutung sein. Auch hier gilt wieder die Voraussetzung, daß du dich dem Zusammensein, dem Lesen oder Zeichnen, ganz und gar hingibst. Wenn du mit dem Kopf woanders bist, wird der Prozeß keine Wirkung zeigen.

Es gibt unzählige Möglichkeiten, sich dem 12. Haus zu nähern. Vielleicht gehst du gerne ins Kino oder schaust dir Videos an. Dieses Hobby kannst du auf verschiedene Weisen betreiben. Du kannst völlig darin aufgehen, ohne auf die Gefühle zu achten, die durch bestimmte Filme oder Szenen in dir geweckt werden. Vielleicht interessierst du dich auch für den cineastischen Aspekt, was bedeuten würde, daß du deine Liebhaberei auf eher mentale Weise betreibst. Vom 12. Haus her betrachtet ist es wichtig, welche Filme oder Szenen es sind, die dich ansprechen. Diese lösen wahrscheinlich irgend etwas in dir aus. Vergegenwärtige dir diese Gefühle und laß sie auf dich einwirken. Würdest du der Szene einen anderen Verlauf geben wollen? Phantasiere ihn und schaffe so deine eigene Variante des Films. Kannst du begründen, warum du ihr diesen Verlauf gegeben hast? Womit hängen deine Gefühle zusammen? Dadurch, daß du Anteil nimmst und deine Gefühle untersuchst, gibst du dem 12. Haus die Möglichkeit, dir auf sehr subtile Art eine Richtung zu weisen.

Auch die Hausfrau, die gerne Handarbeiten macht, kann bei dieser Beschäftigung das 12. Haus miteinbeziehen, indem sie einfach beginnt, ohne Plan oder bestimmte Vorstellung von dem Endprodukt, indem sie sich keine Gedanken über das Muster oder die Farbe macht, sondern die Eingebung des Augenblicks entscheiden läßt. Irgendwann wird sich von allein ein Motiv herauskristallisieren. Manchmal löst eine Stickerei etwas aus, was die Frau wie von einer unsichtbaren Kraft getrieben weiterarbeiten läßt. Das ist eine Art Rausch, ein «heiliges Müssen», welches nichts zu tun hat mit Leistungsdruck und das sich nicht näher begründen läßt. Wenn das Werk beendet ist, kann es für die Frau schwierig sein, es anderen zu zeigen, weil es für sie etwas sehr Kostbares und Intimes darstellt. Die Frau kann auch eine Idee, einen Gedanken oder ein Symbol beim Sticken, Stricken, Weben etc. verwenden. Warum sollte man nicht, wenn man sich mit der Astrologie beschäftigt, einen Planeten oder ein Zeichen als Motiv wählen? Oder noch etwas Spezielleres: Die Stellung eines bestimmten Planeten oder einen bestimmten Aspekt aus dem Horoskop? Wenn die fertige Arbeit in freier Assoziation zustande gekommen ist, wird sie ein wahres Objekt der Meditation sein. Vielleicht verspürt die Frau auch nach einiger Zeit das Bedürfnis, zum gleichen Thema etwas Neues zu machen. Das Ergebnis wird dann wahrscheinlich ganz anders aussehen. Das ist verständlich, denn sie hat sich ja in der Zwischenzeit selbst verändert. Diesen Teil von sich selbst kann man durch intensive Arbeit auf ein hohes Niveau bringen.

Eine weitere Möglichkeit, das eigene Horoskop mit Hilfe des 12. Hauses zu bearbeiten, ist das Astrodrama. Viele Astrologen sehen das Drama in Verbindung mit dem 5. Haus – für meine Begriffe ist es eine Komponente des 12. Die Arbeit mit authentischen astrologischen Erfahrungen bedeutet, die Maske, die wir ständig tragen, fallenzulassen. Sie bedeutet einen Schritt zurück für dein Ego und einen Schritt vorwärts, dein Inneres zu erleben. Auf ganz besondere Weise kannst du dein Horoskop erleben, wenn du die *aktive Imagination* anwendest. Ich werde sie im nächsten Kapitel vorstellen.

Bei der Arbeit mit dem 12. Haus geht es nicht so sehr darum, was du tust, sondern vielmehr darum, welche Einstellung du dabei zeigst. Wie bereits angeführt, ist es wichtig, sich dem Augenblick hinzugeben und seine Gefühle wirklich zu erleben. Auch der Mut zum Genießen gehört dazu, ebenso die Bereitschaft, diesen Prozeß nicht kontrollieren und sich nicht zu einer bestimmten Leistung zwingen zu wollen. Paradoxerweise ist es aber gerade diese Einstellung, die oftmals zu besonderen Leistungen führt.

Geht der Erwachsene konstruktiv mit seinem 12. Haus um, wird sich dies in seinem weiteren Leben niederschlagen. Auf *welche Weise* er dabei zu dieser Umgehensweise gelangt, ist von zweitrangiger Bedeutung. Es ist egal, ob er zu diesem Zweck meditiert oder seine Aggressionen in einem ungezügelten wilden Tanz ausdrückt, ob er in die Badewanne steigt oder sich mit ganzer Kraft für Menschen und Tiere einsetzt. Im Mittelpunkt bei allen diesen Tätigkeiten steht, von sich selbst absehen zu können – alle diese Wege führen zu einer offeneren Haltung, die uns befähigt, das Leben einfach zuzulassen. Und in diesem – was die Licht- *und* die Schattenseiten betrifft – aufzugehen.

Für einen älteren Menschen kann der Kontakt mit dem 12. Haus bedeuten, daß er die Quelle des Lebens in sich bemerkt, wodurch er sich eins mit dem Leben und dem dazugehörenden Tod fühlt. In älteren Jahren kann der Mensch in der beseelten Welt ernten, was er als Kind gesät hat. Vielleicht hatte er die beseelte Welt verlassen müssen, als er seine Existenz aufbaute und eine Familie gründete. Jetzt, in der letzten Lebensphase und auf dem Höhepunkt seines Bewußtseins, kann er zur mythischen Phase zurückkehren. In dieser letzten Phase tritt das Ego des Menschen in den Hintergrund. Man ist gereift, kann die Dinge abwägen und setzt sich selbst in Beziehung zum Leben. Derjenige, der diese Entwicklung genommen hat, strahlt Liebe und Wärme aus; er wird, ohne daß er viele Worte macht, ein ruhender Pol für andere sein, wobei dies nicht heißt, daß keine Bewegung mehr stattfindet. Oft bringt erst die letzte Lebensphase die Entfaltung! Die Stille des 12. Hauses bedeutet denn auch vor allem eine innere Ruhe.

Meiner Meinung nach spielt das 12. Haus eine außerordentlich wichtige Rolle bei dem, was Jung den *Individuationsprozeß* nennt. Bei diesem geht es um das menschliche Wachstum; der Mensch fällt und steht wieder auf und entdeckt damit sein eigenes Wesen. Wenn wir die Quelle des (kollektiven) Unbewußten zuschütten, hört das wahre Wachstum auf. Dann können wir uns nur noch mit äußeren Dingen beschäftigen – die Verbindung zu unserem Inneren ist abgebrochen. Es kommt wesentlich leichter zu Ängsten und Phobien, wenn das Unbewußte blockiert ist, wenn kein lebendiger Austausch mit den unbewußten Schichten unserer Psyche stattfindet. Das soll nicht heißen, daß die Arbeit mit dem 12. Haus uns vor jeglicher Depression oder jedem Angstzustand schützen wird. Auch Menschen, die dem Unbewußten gegenüber offen sind, werden Probleme erfahren. Und wir können nicht sagen: »Wenn wir alles richtig machen, werden wir als Belohnung schon bald keine Ängste mehr haben«. Derartige Aussagen wurzeln im Bewußtsein und nicht im Unbewußten. Depressionen, Ängste, sich über Jahre hinziehende Phobien können Signale des Unbewußten sein für bestimmte Inhalte, die zum Ausdruck kommen wollen, die wir aber bis zu diesem Zeitpunkt nicht in unserem Bewußtsein zugelassen haben. Wenn diese Inhalte dem Bewußtsein auch sinnlos erscheinen mögen, haben sie doch ihre Bedeutung für unsere Psyche. Wir dürfen nicht den Fehler begehen, Gott zu spielen und jemanden, der an Depressionen oder Phobien leidet, zu verurteilen. Diese Ängste sind Symbole, in denen sich das 12. Haus – dann nicht mehr auf eher unterschwellige Art – zum Ausdruck bringen will. Das 12. Haus lehrt uns diese Symbole zu verstehen; mit seiner Hilfe können wir begreifen, *warum* wir bestimmte Erfahrungen gemacht haben. Schon oft habe ich von Menschen, die eine schwere Depression oder Phobie überwunden hatten, gehört, daß sie sich plötzlich sehr «rein» fühlten. Als ob sie viel mehr als nur diese Depression verarbeitet hätten.

Kapitel 10

Aktive Imagination im Horoskop

Das Unbewußte spricht zu uns in klaren, farbenfrohen Bildern zu allen möglichen Themen – es bestehen keine Grenzen oder Einschränkungen. Ein Traum kann eine Wendung nehmen, die in der Wirklichkeit unmöglich ist. Alle Manifestationen des Unbewußten sind traum- oder auch märchenhaft. Ein Traum kann bedrohlich sein, beängstigend, gruselig und sogar von Ungerechtigkeit erfüllt sein oder mit Blut zu tun haben – auf der anderen Seite kann er von unbeschreiblicher Schönheit und voller Wärme sein und uns von ganzem Herzen ergreifen. Die Geschichte, die uns der Traum oder das Märchen erzählt, mag uns gefallen oder eine Gänsehaut verschaffen – irgendeine Emotion, irgendein Gefühl in uns *wird* sie hervorrufen. Durch diese Gefühle wirkt das Unbewußte auf uns ein. Bilder, Charaktere und Geschichten sind nichts anderes als Symbole für bestimmte Inhalte, die auch in uns wirksam sind. So kann eine schlechte Laune oder eine Depression sich durch einen Traum ankündigen, in dem man zum Beispiel durch ein dunkles, tiefes Gewässer schwimmt und schwer kämpfen muß, um nicht unterzugehen. Man braucht einen derartigen Traum natürlich nicht wörtlich zu nehmen (wenngleich es auch prophetische Träume gibt). Ein Traum bringt in erster Linie etwas zum Ausdruck, was in uns wirkt, bisher aber nicht an die Oberfläche des Bewußtseins gedrungen ist.

In Träumen treten Personen auf, Bekannte und Freunde wie auch Fremde. Die uns bekannten Personen spiegeln in den meisten

Fällen Inhalte unserer selbst wider. Die geträumte Figur ist gewissermaßen der Aufhänger, an dem wir diese Inhalte festmachen. Ein Traum erzählt uns zuallererst etwas über uns selbst. Mit anderen Worten: Eine bestimmte Person in einem Traum kann dazu dienen, einen psychischen Inhalt, Prozeß oder eine Verdrängung zum Ausdruck zu bringen. Die Situation dieser Figur im Traum kann andeuten, wie es um den betreffenden Inhalt in uns selbst bestellt ist.

In der Jungianischen Psychologie wird dieser Sachverhalt als zentral angesehen. Auch in anderen Zweigen der Psychologie werden Erfahrungen beschrieben, die anzeigen, daß unbewußte Inhalte sich oft in menschlicher Gestalt präsentieren. Der amerikanische Psychotherapeut M. G. Edelstien beschreibt in seinem Buch »Trauma and Trance«, wie er seine Patienten unter Hypnose mit Teilen ihrer selbst in Kontakt bringt, welche sie zu bestimmten Handlungen zwingen. Die zwanghaften Neigungen führen in manchen Fällen zu einem Teufelskreis, dem sich der Betroffene mit seinem Bewußtsein nur schwer entziehen kann. Edelstien hat festgestellt, daß fast jeder innere Teil eines Menschen seinen Namen, oft auch ein bestimmtes Alter und ein Geschlecht, hat und dies auch angibt, wenn er danach gefragt wird. Manchmal handelt es sich um abstrakte Bezeichnungen wie «Richter» oder «Abenteurer», genausogut kann es aber «Mary» oder «Sam» sein. In den meisten Fällen wissen die Betroffenen nicht, woher diese Namen stammen; sie tauchen ganz einfach auf. Es ist, als ob eine andere, relativ selbständige Persönlichkeit in einem wohnt, mit eigenem Namen, eigenem Charakter und eigenen Verhaltensweisen. Edelstien bringt seine Patienten mit diesen Teilen ins Gespräch, um herauszufinden, was die «inneren Persönlichkeiten» wollen und warum sie die bewußte Person zu gewissen Handlungen verleiten. Im Dialog des Patienten mit einem Teil seines Inneren, der wie ein Gespräch von Mensch zu Mensch geführt wird, lassen sich oft Kompromisse finden oder Absprachen treffen. Meist wird dadurch das Leiden des Patienten gemildert.*

---

* M.G. Edelstien: Trauma en Trance. Effectieve hypnotherapeutische technieken. Haarlem 1984

Ian Gordon Brown, ein Vertreter der transpersonalen Psychologie, hat bei seiner Arbeit ähnliche Erfahrungen gemacht und spricht von «Subpersönlichkeiten». Howard Sasportas hat die Arbeit mit Subpersönlichkeiten erfolgreich auf das Horoskop übertragen, worüber er in seinem, gemeinsam mit Liz Greene verfaßten Buch »*Entfaltung der Persönlichkeit*« schreibt.* Faktisch wendet er hier eine Technik des 12. Hauses an, die an Edelstiens Hypnose-Methode erinnert oder auch an die von Jung entwickelte aktive Imagination. Es ist letztlich gleichgültig, *welche* Methode man benutzt, um mit seinem Horoskop ins Gespräch zu kommen. Wichtig ist lediglich, daß mittels einer Methode aus dem Bereich des 12. Hauses der Kontakt mit den tieferen Inhalten der Persönlichkeit hergestellt wird. Jungs Technik der aktiven Imagination hat sich als sehr brauchbares Instrument erwiesen. Diese Methode, die nicht nur bei der Arbeit mit dem eigenen Horoskop angewendet werden kann, sondern sich in allen Bereichen des Lebens als nützlich erweist, will ich im weiteren Verlauf eingehend beschreiben. Ich möchte dem interessierten Leser in aller Deutlichkeit aufzeigen, wie sie funktioniert, damit er an sich selbst ans Werk gehen kann.

Die Technik der aktiven Imagination

Carl Gustav Jung benutzte bei seiner Arbeit im Jahre 1916 zum ersten Mal eine Methode, die er später *aktive Imagination* nannte. Er umschrieb sie als eine «dialektische Diskussion mit dem Unbewußten, um mit diesem in Übereinstimmung zu gelangen». Ihr Inhalt liegt zusammengefaßt darin, Bilder hervorzurufen, die die Inhalte des Inneren widerspiegeln. Die Jungianische Psychologie geht davon aus, daß unsere Psyche in ihrer Gesamtheit sehr gut weiß, was mit uns los ist. Gleichfalls ist sie sich darüber im klaren, daß das Unbewußte unsere Problematik in Form von Bildern, Phantasien, Melodien, Emotionen, Stimmen, Gefühlen und ande-

---

* L. Greene, H. Sasportas: Entfaltung der Persönlichkeit. München 1988 (Hugendubel)

rem mehr zum Ausdruck bringen kann. Das Unbewußte ist nichts Statisches – es wird deshalb nicht immer die gleichen Bilder produzieren. Ohne daß das Bewußtsein daran beteiligt ist, verändern sich die aufsteigenden Bilder, Töne oder Gefühle ständig. Sie sind Teil eines dynamischen Stromes. Wir müssen unser Augenmerk darauf richten, daß unser Bewußtsein nicht von vornherein die Kontrolle über die Imagination gewinnt. Bei dieser Methode geht es um das, was *spontan* in uns aufkommt. Allerdings sollte das Bewußtsein diesen Vorgang sehr aufmerksam begleiten.

Viele Menschen haben eine vage oder auch ausgeprägte Abneigung, den Weg der aktiven Imagination zu beschreiten. Die meisten von ihnen mißtrauen dem Unbewußten; sie gehen von der Vorstellung aus, daß es sich hierbei um ein Sammelbecken aller möglichen negativen Faktoren handelt. Wieder andere meinen, das Unbewußte sei einfach gefährlich – man könne leicht verrückt werden, wenn man sich mit ihm beschäftigt. Da man während der ersten Schritte auf dem Weg zum Unbewußten oft mit den weniger angenehmen Seiten seiner selbst konfrontiert wird, kann in der Tat zunächst der Eindruck entstehen, daß sich viele Schwierigkeiten auftun. Auf der anderen Seite gibt es Menschen, die gewissermaßen in das Unbewußte verliebt sind, so daß ihr Bewußtsein diesen Prozeß gar nicht mehr begleiten kann. Dies ist ebenfalls eine Situation des Ungleichgewichts, welche der Persönlichkeitsentwicklung entgegensteht. Wie dem auch sei – das Unbewußte selbst stellt keine Gefahr dar. Uns überwältigen wird es nur dann, wenn wir ihm ängstlich oder mit falschen Vorstellungen begegnen. Nach über zehn Jahren Arbeit mit der aktiven Imagination kann ich nur feststellen: Es gibt keinen besseren und treueren Begleiter als das eigene Unbewußte. Es ist allerdings von einer derartigen Aufrichtigkeit und Direktheit, daß Konfrontationen nicht ausbleiben. Es zeigt unerbittlich auf die Dinge, die man eigentlich vor sich selbst verbergen wollte. Zugleich bietet es aber immer aufs Neue seine Hilfe an.

Schon bald, nachdem du den Weg der aktiven Imagination beschritten hast, können bestimmte Verdrängungen auftauchen. Vielleicht hast du dann das Bedürfnis, dich mit jemandem auszusprechen oder dich auszuweinen. Jungianische Analytiker geben denn auch den Rat, jemanden in der Nähe zu haben, an den du dich wenden kannst, wenn dich heftige Emotionen überwältigen. Laß dich davon nicht abschrecken: Das nächste Mal wirst du dich wie auf Rosen gebettet fühlen.

Wie solltest du anfangen? Es gibt keine allgemeingültige Anweisung – jeder hat seine eigene Methode. Vor allem mußt du darauf achten, daß du allein bist und durch nichts und niemanden gestört werden kannst. Wenn du mit anderen zusammenwohnst, sage ihnen Bescheid. Das Alleinsein sah Jung als die vielleicht wichtigste Voraussetzung für die aktive Imagination an. Führt man diese in einer Gruppe durch, besteht nämlich die Gefahr, daß man etwas hervorzubringen versucht, was dem Geschmack der Gruppe oder dem des Gruppenleiters entspricht. Das könnte das Wesen der aufsteigenden Bilder tiefgreifend verändern. Es ist also unbedingt erforderlich, daß keine äußeren Einflüsse auf dich einwirken – du führst die aktive Imagination für dich und niemanden sonst durch.

Wenn du dann allein bist, versuche dich so weit wie möglich zu entspannen. Du mußt dich nicht hinlegen – Hauptsache ist, daß dein Geist sich beruhigt. Niemals solltest du «mal eben schnell eine Imagination machen». Du kannst zur Entspannung bestimmte Übungen durchführen oder einem Ritual folgen. Manche Leute haben gerne bestimmte Sachen an, andere gehen zu einem bestimmten Ort oder benutzen Räucherkerzen. Wenn du ein kleines Ritual abhältst, kann dir das helfen, dich in die richtige Stimmung zu bringen und dich auf das vorbereiten, was kommen wird. Aber du kannst dich auch in die Badewanne legen oder dich vor den Computer setzen. Es geht darum, eine bestimmte Einstellung zu gewinnen – nicht um irgendeine Körperhaltung.

Sorge auch dafür, daß Schreibzeug bereitliegt. Dann kannst du während oder unmittelbar nach der Imagination aufschreiben, was du wahrgenommen und erfahren hast. Es ist nicht gut, das Aufschreiben lange hinauszuzögern – das Bewußtsein wird sich des Gesehenen bemächtigen und, ohne daß du dir darüber im klaren bist, allerlei Änderungen anbringen. Je schneller du deine Aufzeichnungen machst, desto besser. Notiere auch das Datum und eventuell den Zeitpunkt, an dem du beginnst.

Du könntest mit einer Imagination zu einem astrologischen Thema anfangen – aber auch nicht-astrologische Objekte sind geeignet. Ein Traumfragment, ein angenehmes Bild oder das Thema eines Märchens kann als Ausgangspunkt dienen. Natürlich kannst du auch einfach die Augen schließen und warten, was passiert. Ich habe oft eine interessante Entdeckung gemacht: Sowohl die Wahl eines (nicht astrologischen) Themas als auch der Verlauf der Imagination steht in vielen Fällen mit den aktuellen Progressionen und Transiten in Verbindung. Dieses Phänomen taucht auch bei Träumen auf!

Für den Astrologen ist es natürlich sehr interessant zu sehen, welche Bilder zu den verschiedenen Faktoren des Horoskops aufsteigen. Du kannst die Planeten in den Zeichen, die Planeten in den Häusern oder auch einzelne Aspekte als Thema wählen. Ich würde zu Beginn nichts allzu Kompliziertes aussuchen – ein Planet in einem bestimmten Zeichen oder Haus ist in der Regel ein geeignetes Objekt. Treffe also deine Wahl, betrachte das Symbol des Planeten und versenke dich in seinen Anblick. Versuche nichts zu erzwingen. Behalte das Symbol im Auge und warte ab, welche Bilder in dir aufsteigen, welche Geräusche du hörst oder was du fühlst. Greife nicht bewußt ein, laß einfach alles auf dich zukommen. (Gib acht, daß du nicht einschläfst – die tiefe Entspannung könnte dich dazu verleiten!) Es ist nicht schlimm, wenn du ab und zu vom eigentlichen Thema abschweifst – du mußt nur alsbald zu diesem zurückkehren.

Beim Entstehen der Bilder können sich zwei verschiedene Situationen ergeben. Entweder entstehen Bilder und Szenen, an denen du nicht teilnimmst, bei denen du Außenstehender bleibst. Oder du bist als Person einbezogen – wenn du dich selbst sprechen hörst oder handeln siehst oder wenn personifizierte Inhalte in unmittelbarem Zusammenhang mit dir stehen. Nimmst du nicht an der Handlung teil, so besteht die Gefahr, daß es nicht zum Austausch mit dem Unbewußten kommt. In diesem Fall verstehst du zwar die Symbolsprache, aber aufgrund des nicht zustande gekommenen umfassenden Kontaktes kann dir die Botschaft entgleiten und wieder ins Unbewußte zurücksinken. Bei der aktiven Imagination ist es von allergrößter Wichtigkeit, daß du alle Bilder und Szenen einfach auf dich zukommen läßt. Du mußt versuchen, eine Beziehung zu ihnen aufzubauen und mit ihnen ins Gespräch kommen. Du mußt dich bemühen, es zwischen dir und den Inhalten deines Unbewußten zu einer Interaktion kommen zu lassen. Es ist wichtig, daß du in den betreffenden Szenen handelst, Entscheidungen triffst, Fragen beantwortest, deinerseits Fragen stellst usw. Dein Bewußtsein bestimmt zwar die Handlungen und das, was du fragst, in bezug auf die entstehenden Bilder verhält es sich aber vollständig passiv. Es bewegt sich in einem Raum, der von Zufällen geprägt ist. Erfahre die Bilder, fühle die Emotionen, erlebe auf intensive Weise, was in deinem Unbewußten geschieht. Alles dreht sich ums Anteilnehmen, Erfahren und Erleben. Das heißt, daß du auch nicht versuchen darfst, das Erlebte sofort zu interpretieren – das würde nur stören und den spontanen Prozeß behindern. Vielleicht bringt der Prozeß der Imagination dich dazu, daß du deine Erfahrungen hinausschreien willst, daß du lachen, weinen, tanzen möchtest. Du mußt diese Emotionen frei äußern können, ohne dich durch die Anwesenheit anderer gestört zu fühlen.

Wir wollen nun eine Imagination zu einer bestimmten Planeten-Stellung betrachten.

Eine Imagination zum Thema «Saturn im Skorpion im 2. Haus»

Es folgt die wörtliche Wiedergabe des Berichtes von Atie Kaper, einer Teilnehmerin des Workshops. Sie entwickelte zu ihrem Saturn im 2. Haus im Zeichen Skorpion folgende Imagination:

Ich sehe schwarze, übelriechende Erde, in der ein großes Kreuz steckt. Eine große Schaufel gräbt sich in das Erdreich. Ich habe für nichts als die Schaufel Augen. Eine riesige Grube entsteht, Erdklumpen fallen in sie hinein. Ein Geruch von Verwesung liegt in der Luft. Das Loch wird immer größer. »Was soll ich hier?«, frage ich. Jemand sagt: »Das Loch ist für dich.« Mir wird angst und bange. »Das kann doch nicht sein!?« »Aber bestimmt! Wenn du weiter kommen willst, mußt du dort hinunter.« Ich steige in das Erdloch. Ein langer, schmaler Gang tut sich auf. Ich habe das Gefühl zu ersticken. Ich komme nicht weiter, der Gang ist zu schmal. Emotionen steigen in mir auf. Über mir wird die Öffnung wieder geschlossen. Ich fühle, wie die nasse, schwarze Erde auf meinen Kopf klatscht. Meine Angst wird immer größer, ich kann nicht mehr. Eine Stimme sagt: »Du läßt dich untergraben. Und nur du kannst etwas dagegen tun!«

Ich fange an, wie von Sinnen mit meinen Zehen zu scharren. Ganz langsam sinke ich tiefer. Auf meinen Kopf fällt immer mehr Erde. Ich arbeite wie eine Verrückte, ich grabe und grabe. Die Angst und das Erstickungsgefühl klingen langsam ab. Plötzlich falle ich in eine Art von Gewölbe. Große Bögen befinden sich über meinem Kopf, und die Öffnung, durch die ich gefallen bin, hat sich geschlossen. Ich muß erst einmal wieder zu mir kommen. Meine Zehen sind völlig erschöpft. Da es nicht mehr so eng ist und ich wieder normal atmen kann, bleibe ich eine Weile still sitzen. Dann beginne ich mich umzusehen. Der Ort hat nichts Unheimliches, er verursacht keine unangenehmen Gefühle. Es ist trocken, aber ich höre, daß irgendwo Wasser rauscht. Es riecht gut. Das Gewölbe ist erleuchtet. Ich frage: »Was soll ich hier?« »Tu etwas«, sagt die Stimme. »Entscheide dich für etwas! Es ist egal, wofür – aber tu etwas!« »Ja, aber was denn?«, frage ich. Ich kann mich nicht entscheiden. Was soll ich mir denn aussuchen? Ratlos beginne ich zu weinen und zu schreien. Ich weiß nicht wohin, oh Gott, was soll ich tun? Welche Richtung soll ich wählen? »Tu etwas, verdammt nochmal! Es ist doch ganz egal, was, solange du nur irgend etwas tust!«

Ich springe ins Wasser und schwimme, ohne nachzudenken, in irgendeine Richtung. Das Gefühl der Panik verschwindet, und ich fühle, wie das herrlich kühle Wasser an mir entlang-

strömt. Es geht mir immer besser, und ich beginne mich buch-
stäblich wie der Fisch im Wasser zu fühlen. Das Wasser ist
wunderbar klar. Die Farben der Grotte werden immer strahlen-
der. Ich genieße es, mich in den Fluten zu wenden und zu dre-
hen. Mein Körper hat sich schon lange nicht mehr so frei ge-
fühlt. Es ist phantastisch!
 Plötzlich steigt ein riesiges, drachenähnliches Ungeheuer
aus dem Wasser. Es will mich zerquetschen, erdrücken. Die
Angst kommt zurück. Plötzlich erinnere ich mich an die Worte:
»Du läßt dich untergraben« und sehe dem Drachen ohne Angst
ins Gesicht. Dieser verwandelt sich in einen alten Indianer mit
prächtigen, hellblauen Augen und markanten, faltigen Zügen.
Er steht vor mir, sieht mich freundlich an und ergreift meine
Hand. Ich steige aus dem Wasser. Neben ihm steht eine Statue
Tut-Ench-Amuns. Von einem Glücksgefühl erfüllt, möchte ich
der Statue etwas sagen, obgleich ich weiß, daß sie nicht spre-
chen kann. Ich fühle einfach das Bedürfnis dazu. Der Indianer
sagt nichts; er sieht mich nur an und legt einen Finger auf den
Mund. »Natürlich«, sage ich, »ich rede zu viel.« Der Indianer
wiederholt seine Bewegung. So stehen wir schweigend neben
Tut-Ench-Amun.
 Dann laufen wir Hand in Hand die Treppen hinauf. Oben
angekommen, sehe ich ein großes Licht, hell und rein, von
blendender Kraft, einfach unbeschreiblich. Es füllt mich gänz-
lich aus. Sobald ich in das Licht trete, befinde ich mich in einer
Art Wüste mit goldgelbem, warmem Sand. Ich spüre den Sand
zwischen meinen Zehen. Der Wind weht durch meine Haare
und streicht an meinem langen weißen Kleid entlang. Ich fühle
mich erfüllt von einer intensiven Zufriedenheit und Wärme. Ein
unbeschreibliches Gefühl überwältigt mich. Diese begleitete
mich noch tagelang.

Wenn wir eine Imagination betrachten, dürfen wir niemals den Zusammenhang mit der Person, die diese entwickelt hat, aus den Augen verlieren. Die eigenen Erfahrungen und Assoziationen zeigen
am besten die Bedeutung der gesehenen Bilder auf. Wir haben die-

ses Beispiel in der Gruppe besprochen, und Atie hat vieles dazu gesagt. Ihre Imagination enthält mehr als nur die treffenden Bilder der Erde (das Element des 2. Hauses!), des Gestanks und der Verwesung (die dem Skorpion zugeschrieben werden) und des großen Kreuzes (das sowohl mit Saturn als auch Skorpion in Verbindung stehen kann). Die nun folgende Wiedergabe der Besprechung soll das verdeutlichen.

Karen: *Das 2. Haus ist buchstäblich das des festen Bodens unter den Füßen; das ist hier ganz direkt wiedergegeben. Die schwarze, übelriechende Erde kann auf das Skorpion-Thema oder aber auch auf die Angstkomponente von Saturn deuten. Letzteres würde vom großen Kreuz noch verstärkt. Saturn wird ja häufig als Skelett mit Sense abgebildet, was den Tod symbolisiert. Das Kreuz könnte eine Analogie dazu sein. Natürlich sähe es ganz anders aus, wenn Atie eine persönliche Erfahrung oder ein Erlebnis mit einem Kreuz gehabt hätte. Dann könnte es ein ganz individuelles Symbol sein. Atie, hast du irgend etwas erfahren oder erlebt, wobei ein Kreuz eine Rolle spielt?*

Atie: *Nein, gar nichts.*

Karen: *Was fällt dir als erstes ein, wenn ich «Kreuz» sage?*

Atie: *(antwortet, ohne nachzudenken): Der Tod. Ein Kreuz habe ich schon früher einmal im Traum gesehen. Ich flog darüber hinweg.*

Karen: *Die Schaufel, die von alleine gräbt, ist ein ziemlich surrealistisches Bild.*

Atie: *(mit einer Gebärde und einem Laut der Abscheu): Und dann die stinkende Erde, es lief mir kalt den Rücken hinunter. Es war auch ganz dunkel, neblig und feucht, einfach ekelhaft.*

Karen: *Du schreibst, daß eine Stimme dir befahl, in die Erde hinabzusteigen. Wie klang diese Stimme?*

Atie: *Schwer und irgendwie hohl. Und auch sehr voll. Voll und hohl und schwer. Sie füllte den ganzen Raum, ich konnte ihr nicht entfliehen. Ich mußte ihr einfach folgen.*

Karen: *Du verspürtest also einen Zwang?*
Atie: *Ja, sehr deutlich.*
Karen: *Hattest du eine Assoziation zu dieser Stimme?*
Atie: *Nein, keine.*
Karen: *Also eine Stimme aus dem Nichts.*
Atie: *Es war wie ein Spuk. Ich war völlig verängstigt.*
Karen: *Das sind die Momente, in denen man wirklich Mut braucht, um mit der Imagination weiterzumachen. Es ist aber ein sehr gutes Zeichen, daß du diese Emotionen erfahren hast. Menschen, die in ihren Träumen, Imaginationen und Phantasien keinerlei Emotionen erleben, bei denen selbst im Unbewußten alles flach ist, sind psychisch gefährdet. Wenn übrigens jemand nicht über seine Gefühle spricht, bedeutet das nicht, daß er keine hat. Die Erfahrungen von Angst oder Glück während einer Imagination sind an sich ermutigende Zeichen dafür, daß das Unbewußte noch am Prozeß der Individuation beteiligt ist.*

Du steigst dann in das Loch, das zu einem sehr schmalen Gang wird. Dieses Thema kommt sowohl in Träumen als auch in Imaginationen recht häufig vor. Es erinnert ein wenig an den Tunnel, den Menschen gesehen haben, die kurz vor dem Tode standen. Man begegnet ihm auch in Märchen, zum Beispiel in der Geschichte von der Zündholzschachtel. Da gibt es einen engen Gang, der durch eine hohle Eiche führt. Du sagst weiter: »Ich hatte das Gefühl zu ersticken«. Das ist eine der Beklemmungen, die mit Saturn zusammenhängen können.
Atie: *Ich hatte wirklich große Angst, vor allem, als ich merkte, daß die Öffnung über mir zugeschüttet wurde. Die Erde wurde auf mich geschaufelt und fiel jedesmal mit einem Klatschen auf meinen Kopf, ganz rhythmisch.*
Karen: *So wie das Geräusch von Regentropfen?*
Atie: *Genau so.*
Karen: *Ich glaube, daß die Stimme, die sagt: »Du läßt dich untergraben. Und nur du kannst etwas dagegen tun!«, sich nicht nur auf diese Situation bezieht, sondern eher gene-*

rell auf deine Einstellung zum Leben. Du hast dich bewußt dafür entschieden, in deine Problematik hinabzusteigen, und jetzt kannst du aus zwei Möglichkeiten wählen: Entweder du arbeitest dich selbst wieder aus deinem Loch heraus oder du läßt dich lebendig begraben. Hättest du dich für letzteres entschieden, würdest du in der Zeit nach der Imagination im täglichen Leben immer wieder bemerkt haben, daß du dich untergraben läßt. Natürlich besteht die Möglichkeit, daß du diese Erkenntnis wieder verdrängst – im Augenblick aber ist dir durch die Imagination dieser Inhalt bewußt. Möglicherweise entsteht die Haltung des Sich-untergraben-Lassens sogar aus der Angst, den festen Boden unter den Füßen zu verlieren (2. Haus!).

Atie: *Das könnte ich mir sehr gut vorstellen.*

Gruppe: *Was ist dein Sonnenzeichen?*

Atie: *Ich bin Fisch.*

Karen: *Du schreibst weiter, daß du anfingst, wie verrückt mit den Zehen zu graben.*

Atie: *Ja – meine Arme konnte ich nicht bewegen, mit denen konnte ich nichts tun. Ich steckte so fest, daß ich nur meine Zehen bewegen konnte. Ich dachte, daß ich etwas tun mußte und habe alles mögliche versucht. Nur mit den Zehen, merkte ich, konnte ich etwas machen. Den Rest meines Körpers konnte ich nicht bewegen.*

Gruppe: *Das läßt an den Vagina-Tunnel bei der Geburt denken. Da ist man auch eingeklemmt und kann sich nicht bewegen.*

Karen: *Das stimmt. In diesem Fall liegt der Nachdruck aber doch auf der Bewegung der Zehen. Zehen sind sehr wichtig; wir brauchen sie, um beim Stehen und Laufen im Gleichgewicht zu bleiben. Sie beziehen sich hier also vielleicht darauf, daß ein Gleichgewicht gefunden werden muß. Sie können auch wiederum ein ganz persönliches Symbol sein. Atie, hast du etwas im Zusammenhang mit deinen Füßen oder Zehen erlebt?*

Atie: Ich bin an meinen großen Zehen operiert worden. Ich habe auch sehr viele Träume und Imaginationen gehabt, in denen das Thema Fuß vorkam. Seit einem Jahr sehe ich, wenn ich von einer bestimmten Frau träume, ihre Füße auf dem Boden. Und seit etwa einem Jahr genieße ich es, meine Füße auf der Erde zu spüren. Oder das Gefühl meiner Zehen im Sand – wunderbar.

Karen: Also ein herausragendes Symbol für dich. Möglicherweise hat die bewußte, positive Beschäftigung mit deinen Füßen sowie die Operationserfahrung zum Bild der grabenden Zehen geführt. Jedenfalls hat dieses Bild für dich damit eine ganz andere Bedeutung als für die, die nicht deine Erfahrungen gemacht haben. Wie hast du die Operationen erlebt?

Atie: Nun, nicht allzu negativ. Allerdings sind meine Füße sehr empfindlich. Ich finde es sehr angenehm, wenn sie massiert werden. Dabei kann ich mich sofort entspannen.

Gruppe: Füße gehören zum Zeichen Fische!

Karen: Du assoziierst Füße also mit Beruhigung? Vielleicht auch mit Heilung?

Atie: Ja. Durch sie kann ich sofort Entspannung finden.

Karen: Ist das eine gefühlsmäßige Ruhe?

Atie: Ja.

Karen: Dann kann das Graben mit den Zehen auch bedeuten, daß du zu deinen wirklichen Gefühlen durchdringst. Du bist eigentlich ein Gefühlsmensch. Diese Imagination zeigt vielleicht auch, daß es dir doch etwas schwerfällt, deine Gefühle zu zeigen. Vielleicht mußt du erst festen Grund unter den Füßen haben, um dich sicher zu fühlen, wobei die Gefahr besteht, daß du dich untergraben läßt. Du hast also angefangen zu graben. Wie ging das vor sich?

Atie: Es war stockdunkel. Ich fühlte nur, daß ich durch das Graben mit meinen Zehen nach unten sackte.

Karen: Und doch ließ, wie du schreibst, deine Angst nach. Das ist nicht ungewöhnlich. Du wirst aktiv, unternimmst et-

was. Das hat in Imaginationen zur Folge, daß die Angst nachläßt. Danach bist du in eine Grotte gekommen. Diese ist in der Regel das Bild für das Unbewußte oder für das umhüllende Mütterliche. Natürlich kann sie für dich auch etwas anderes bedeuten. Hast du Erfahrungen oder Erlebnisse mit Höhlen gehabt?

Atie: *Nein, aber eine Höhle vermittelt mir ein unangenehmes Gefühl. Ich muß immer an die klamme Nässe denken. Im Grunde mag ich Wasser sehr, nur nicht diese durchdringende Feuchtigkeit. Die Grotte in der Imagination war trocken und eigentlich sehr angenehm. Sie fühlte sich anders an.*

Karen: *Du schreibst, daß die Öffnung dann wieder zu war.*

Atie: *Ja. Ich konnte nicht mehr sehen, woher ich gekommen war. Und ich war todmüde.*

Karen: *Mit Imaginationen sind oft körperliche Erfahrungen verbunden.*

Atie: *Das stimmt. Mein Körper fühlte sich wie zerschlagen.*

Karen: *Durch all das Graben bist du also jetzt an einem Ort – der Grotte – angekommen, der einen guten Eindruck macht, der dir auf irgendeine Art Schutz bietet, dich umhüllt. Aber du bist noch nicht am Ziel, denn du wirst zu weiteren Aktionen herausgefordert. Du mußt etwas tun, doch du weißt nicht, was. Es ist nicht sehr sinnvoll, zu lange über Entscheidungen zu brüten – das Unbewußte funktioniert wie ein Märchen und die «Geschichte» kann überraschende Wendungen nehmen. Man weiß nie, was geschehen wird. Und du findest dich jetzt in einer Situation wieder, in der du wählen mußt, was dir schwerfällt.*

Atie: *Ich habe einen Waage-Aszendenten... Und ich war ziemlich in Panik. Zwar fühlte sich die Umgebung gut an, aber ich wußte nicht, was ich dort sollte. Und dann immer wieder dieses »Tu etwas!« Ja, um Himmels willen, was denn? Aber weil ich etwas über meinen Saturn herausfinden wollte, dachte ich auch: »Ich muß hier durch!«*

Karen: *Du bist also völlig ratlos und beginnst zu weinen und zu schreien. Das ist eine typisch saturnische Situation, die viele Menschen in ihrem täglichen Leben erfahren. In einer Situation, die sie nicht begreifen, stehen sie vor Entscheidungen und sehen nicht, wohin sie gehen sollen. Aus Angst und einem Gefühl der Ohnmacht fangen sie dann an zu weinen und tun nichts. Wenn du diese negative Reaktion in einer aktiven Imagination zeigst und nicht mehr aktiv bist, wird es dir auch im Alltag nicht gelingen, dieses Muster zu durchbrechen. Aber Saturn kann auch zum Handeln anspornen! Er ist nicht darauf ausgerichtet, Menschen zu quälen – er will sie dazu bringen, über die Schwelle zu treten. Saturn verkörpert den Lernprozeß des Schmerzes. Was deine Imagination betrifft: Du springst dann ins Wasser. Das Wasser-Element kommt in deinem Bewußtsein zum Tragen – du kannst dich darauf verlassen.*

Atie: *(lacht überrascht)*

Karen: *Du schreibst: Ich springe ins Wasser (Element Wasser) und schwimme, ohne nachzudenken (Luft), in irgendeine Richtung. Luft ist dein unbewußtes Element; in diesem Augenblick fungiert es nicht als Störfaktor. Dann kommt der Drache. Ich selbst habe auch einmal in einer Imagination, bei der ich in einem unterirdischen See schwamm, erlebt, daß plötzlich ein Drache auftauchte. Diesem archetypischen Motiv begegnet man, in allerlei Variationen, immer wieder in Märchen. Aber zurück zu deiner Imagination. Dein Drache scheint dich zu erdrücken. Erst bist du durch den engen Gang gekommen, und jetzt befindest du dich wieder in einer beklemmenden Situation. Das ist wieder Saturn. In der Regel ist der Drache ein Symbol für die Mutter im archetypischen Sinn. Er kann auch den vereinnahmenden Aspekt des Unbewußten symbolisieren und in dieser Funktion sich auf beide Geschlechter beziehen. Durch deine Haltung verändert er sich in einen Mann, einen alten Indianer, der neben einer*

Statue von Tut-Ench-Amun steht. Weder der Indianer noch die Statue gehören zur westlichen Kultur. Das Unbewußte benutzt oft Symbole wie diese, um eine gewisse Distanz zum Ausdruck zu bringen. Hier mit Bezug auf das männliche Prinzip, sowohl, was den alten Indianer als auch Tut-Ench-Amun betrifft, den ägyptischen Pharao, der im Alter von 18 Jahren gestorben war. Ein sehr alter und ein sehr junger Mann stehen hier nebeneinander, beide kommen von weit her. Das kann bedeuten, daß der Animus-Teil in deiner Persönlichkeit noch nicht so weit entwickelt ist, wie es für die weibliche Psyche wünschenswert wäre. Möglicherweise hast du dein eigenes Entwicklungspotential noch nicht ausgeschöpft. Aber auch hier müssen wir uns erst vergewissern, daß es sich nicht um persönliche Symbole handelt. Was bedeutet ein Indianer für dich?

Atie: *Weisheit.*

Karen: *Der Indianer ist also für dich das Symbol des weisen Alten?*

Atie: *(mit überzeugter Stimme): Ja.*

Karen: *Was sagt dir Tut-Ench-Amun?*

Atie: *Schön. Wirklich schön. Wunderschön.*

Karen: *Also Weisheit und Schönheit in Gestalt des Indianers und Tut-Ench-Amuns. Der Indianer lebt, während Tut-Ench-Amun eine Statue ist. Der weise Alte nimmt deine Hand. Das ist das Wunderbare an Saturn: Nach dem Lernprozeß des Schmerzes reicht er dir die Hand, hilft dir weiter und macht dich sogar froh. Wie würdest du die Hand beschreiben?*

Atie: *Sie war schön, rund und warm. Die Hand eines Schaffenden, aber wunderschön. (Ganz verzückt) Es war so schön. Die Sache mit dem Drachen war erst beängstigend, und dann passiert so etwas, einfach unglaublich! So etwas könnte man sich gar nicht ausdenken.*

Karen: *Der Indianer schweigt und legt ein paar Mal den Finger auf den Mund. Du sagst dann selbst, daß du zuviel re-*

dest. Das könnte eine Warnung für den Alltag an dein unbewußtes Element Luft sein. Außerdem läuft Saturn im Transit gerade durch dein 3. Haus. Damit deutet er an, daß für dich in der gegenwärtigen Lebensphase gilt: Reden ist Silber, Schweigen ist Gold.

Atie: *(beginnt zu lachen): Wenn etwas passiert ist, was mich emotional sehr berührt hat, muß ich hinterher immer schrecklich viel darüber reden.*

Karen: *Danach beschreibst du das blendende Licht. Die Beschreibung erinnert sehr an das weiße strahlende Licht, das Menschen gesehen haben, die kurz vor dem Tode standen. Auch Menschen, die aus ihrem Körper ausgetreten sind, erzählen manchmal von diesem Licht. Das Bild wird immer schöner, du spürst sogar ein intensives warmes Gefühl. Und das bei einer Imagination, die so düster begann und die sich mit dem Planeten Saturn beschäftigt, den wir meistens mit Härte und Kälte in Verbindung bringen! Dies zeigt uns eine Seite Saturns, die vielen unbekannt ist: Wenn man auch hart arbeiten muß, wird man doch letztendlich sehr viel Licht und Wärme finden. Man wird Wohlbehagen und Geborgenheit erfahren – bis er wieder zur Arbeit ruft.*

Atie: *Dieses gute Gefühl hat mich ganz erfüllt. Als ich nach der Imagination zu meinem Mann und den Kindern hinunterging, fragten sie mich verwundert:* »*Was hast du denn gemacht? Du siehst ja so glücklich aus!*«

Karen: *Nach dieser Imagination wirst du jedesmal, wenn du dich wieder untergraben läßt, wissen, daß du selbst dafür verantwortlich bist. Aber du wirst auch wissen, daß du selbst dir helfen kannst. Das Gefühl der Wärme kann wieder zum Vorschein kommen und dir als Stütze dienen.*

Weitere Anleitungen zur aktiven Imagination

Wenn du dein geistiges Auge nach innen richtest und der Dinge harrst, die da kommen, ohne irgendwelche Erwartungen zu haben, passiert möglicherweise zunächst gar nichts. Sei nicht enttäuscht und mach dir keine Sorgen. Beim einen klappt es vielleicht nicht sofort, während es beim anderen gleich richtig losgeht. Möglicherweise versuchst du, etwas mit deinem Willen zu erzwingen. Das ist vor allem bei Leuten zu beobachten, die aus einem Sicherheitsbedürfnis heraus alles kontrollieren wollen. In diesem Falle bedarf es einer gewissen Gewöhnung, allem seinen Lauf zu lassen.

Vielleicht steigen auch nach mehreren Versuchen noch keine Bilder aus der Tiefe auf, was auch nicht weiter schlimm ist. Aktive Imaginationen können auch auf andere Weise durchgeführt werden, zum Beispiel durch freies Zeichnen, durch freies Tanzen oder eine andere Form des Ausdrucks. Am besten suchst du also die Form, die dir am meisten zusagt, und wartest dann ab, was geschieht. Wenn du zum Beispiel mit Hilfe eines Tanzes eine Imagination durchführen möchtest, schreibe hinterher so genau wie möglich deine Haltungen und Gebärden auf. Diese haben für dich eine bestimmte Bedeutung – die du vielleicht nach einiger Zeit wirklich verstehen wirst.

Es kommt sehr selten vor, daß eine Blockade vorhanden ist und auch nach einer gewissen Zeit noch nichts passiert. Aber es ist zum Beispiel auch möglich, daß das Thema der Imagination, welche zunächst ohne Erfolg geblieben war, dann plötzlich in der Nacht in einem Traum zum Ausdruck kommt. Das ist dann die Antwort des Unbewußten. Mitunter mögen dir die aufsteigenden Bilder auch banal oder alltäglich vorkommen, so daß du dich fragst, ob du überhaupt etwas imaginiert hast. Oder du mißtraust den Bildern, die du gesehen hast. Diese Reaktionen sind häufig, aber du brauchst keine Zweifel zu haben: Das Unbewußte kommt durchaus oft in alltäglichen Dingen zum Ausdruck. Und «reine Einbildung» ist das Ganze bestimmt auch nicht. Schließlich wirst du oft Bilder oder Ideen vor deinem geistigen Auge sehen, die du niemals auf andere Weise hättest erschauen können.

Ist der Bilderstrom erst einmal ins Fließen gekommen, ähnelt er einer Phantasie oder einem Tagtraum. Wir konnten das bei Aties Imagination sehr gut beobachten. Sie wies Symbole und Figuren und sogar eine Stimme auf, von der Atie nicht wußte, zu wem sie gehörte. Sie konnte aber mit dieser sprechen.

Es gibt einige wichtige Regeln für den Umgang mit personifizierten Inhalten, die aus dem Unbewußten aufsteigen. Wenn du Kontakt mit ihnen aufnimmst, nähere dich ihnen auf höfliche und freundliche Weise. Sprich mit ihnen. Vermutlich wirst du Inhalten begegnen, die du mit dem Bewußtsein zur Seite geschoben hast. Diese könnten beleidigt sein und vielleicht lange Zeit keine Antwort geben. Das kann sich unter Umständen über eine ganze Serie von Imaginationen fortsetzen. Eine freundliche, höfliche und vor allem verständnisvolle Haltung wird letzten Endes aber den gewünschten Kontakt herbeiführen.

Es kann auch vorkommen, daß sich der personifizierte Inhalt jedesmal verflüchtigt, wenn du deine Aktivitäten auf ihn richtest, und erst wieder auftaucht, wenn du nichts mehr tust und stillhältst. Das passiert vor allem bei Menschen, die von Anfang an alles hundertprozentig richtig machen und den Erfolg erzwingen wollen. Bei ihnen scheint es, als ob ihr Unbewußtes sie eine andere Verhaltensweise lehren will.

Hast du den Kontakt zu deinen bisher unbewußten personifizierten Inhalten hergestellt, ist es sehr wichtig, diese ausreden zu lassen! Lasse sie alles sagen, auch wenn es vielleicht unangenehm wird. Nimm sie ernst. Natürlich brauchst du dir nicht alles von ihnen gefallen zu lassen. Du kannst ihnen erklären, warum du mit einer bestimmten Aussage nicht einverstanden bist, worauf sie dir wiederum Widerworte und Erläuterungen geben werden. Auf diese Weise wird dir das Tun und Lassen deiner unbewußten Inhalte verständlicher, und du kannst Klarheit über die Richtung gewinnen, in die sie dein Bewußtsein lenken wollen.

Sei diesen Inhalten gegenüber ehrlich (sie werden dich ihrerseits mit mitunter brüskierender Aufrichtigkeit behandeln). Wagst du es, dem Unbewußten deine Gefühle zu zeigen, wird es mit großer Offenheit darauf reagieren. Wenn ein personifizierter Inhalt dich beängstigt, so sage ihm das einfach. Du kannst jederzeit fragen, woher er kommt, ob dieses oder jenes wirklich seine Absicht ist usw. Versuche nur, nicht in Panik zu verfallen, weil diese dich lahmlegen könnte. Es kommt sehr oft bei Imaginationen für einen Augenblick zu Panik- oder Angstzuständen, was nicht weiter schädlich ist. Wenn es um einen intensiveren Zustand geht, solltest du versuchen, dir klarzumachen, daß die Gestalt oder das Bild ein Teil von dir ist. In den meisten Fällen reicht es aus, eine Frage zu stellen, um die Panik zu meistern: »Welcher Teil von mir bist du?«, »Was willst du mich lehren?« oder »Warum gibst du mir dieses Gefühl?« Diese Fragen verbessern in der Regel den Kontakt zu dem betreffenden Inhalt, und oft verschwindet, nachdem sie ausgesprochen sind, die Angst wie von selbst.

Allerdings kann es sein, daß eine der inneren Persönlichkeiten gar nicht sprechen will oder nur unverständliches Kauderwelsch von sich gibt. Folge dann deinem Gefühl und versuche etwas zu finden, womit du doch einen Kontakt herstellen kannst. Sing ein Lied für diese Persönlichkeit, biete ihr Nahrung an, suche körperlichen Kontakt, gib ihr ein Geschenk, zieh ihr Kleidung an, male oder zeichne mit ihr, tu einfach irgend etwas. Du wirst sehen, daß langsam doch ein Austausch zustande kommt. Zeige dem Wesen, daß du zu erkennen beginnst, auf jeden Fall Respekt.

Unser Bewußtsein kann vom Unbewußten vieles lernen. Berücksichtigen wir das, so können wir viele Entscheidungen aus einem inneren Gleichgewicht heraus treffen. Jung stellt andererseits klar, daß auch das Unbewußte viel vom Bewußtsein und dessen Standpunkten aufnehmen kann. Du brauchst also nicht überrascht zu sein, wenn eine deiner unbewußten Persönlichkeiten plötzlich sagt: »Ach, so hatte ich das noch gar nicht gesehen!« Jung hat immer wieder darauf hingewiesen, daß Bewußtsein und Unbewußtes einander während einer Imagination gewissermaßen gleichberechtigt gegenüberstehen. Aus diesem Grunde ist es wichtig, daß das Ego soweit gefestigt ist, daß es standhaft bleiben kann beziehungsweise sich nicht gegen seinen Willen mitreißen läßt, aber auch genug Nachgiebigkeit aufweist, dem Unbewußten ausreichend Raum zu bieten.

Wir sind für all das, was in unseren Imaginationen geschieht, verantwortlich. Wenn du eines deiner Probleme mit Hilfe dieser Technik besser verstehen lernst, dich im Alltag aber vor diesem versteckst, läuft das wieder auf eine Verdrängung hinaus. In diesem Fall kann es sein, daß das Unbewußte ein paar unangenehme Überraschungen für dich bereithält – weil es dir helfen will. Das Unbewußte ist nicht das Spielzeug eines Bewußtseins, welches bestimmte Dinge nicht anerkennen möchte. Du mußt dir, wie schon gesagt, nicht alles gefallen lassen. Dein eigenes Bewußtsein trifft die Wahl – es kann alle Faktoren gegeneinander abwägen. Du allein entscheidest, welche Ratschläge und Gefühle du beherzigen und über welche du noch nachdenken möchtest. Wenn du dein Unbewußtes offen und ehrlich darüber informierst, brauchst du keine Gegenaktionen mehr zu fürchten. Allerdings kommt es häufig vor, daß die betreffenden Inhalte auch weiterhin zum Ausdruck kommen wollen, was neue Imaginationen erforderlich macht.

Man braucht innerhalb eines bestimmten Zeitraumes nicht immer die gleiche Imaginationstechnik durchzuführen. Es ist allerdings häufig zu beobachten, daß in einer bestimmten Phase die gleichen Figuren auftreten, was dann bedeutet, daß sich ein persönliches Märchen, ein eigener Mythos entwickelt hat. In diesem können die merkwürdigsten Dinge geschehen – manche Imaginationsfolgen könnte man geradezu als Romane veröffentlichen! Dabei darf man nicht voraussetzen, daß sich das Unbewußte an Ethik oder Moral hält – seine Inhalte sind unkultiviert und sehr natürlich. In deinen Imaginationen kann Ungerechtigkeit oder Unmoral herrschen. Verdränge sie nicht. Sie gehören dazu und haben ebenfalls eine Bedeutung. Auch hier kann das Bewußtsein eine wichtige Rolle spielen. Indem du deinen Standpunkt deutlich machst, kannst du dem Unbewußten zeigen, was Ethik und Moral beinhalten. Das Unbewußte zielt nur auf das, was für dich und deine Entwicklung am besten ist; die Folgen für deine Umgebung spielen dabei keine Rolle. Insofern fungiert dein Bewußtsein als Mittler zwischen den Forderungen des Unbewußten und den Werten der Außenwelt. In der Mitte zwischen diesen im Widerstreit zueinander liegenden Inhalten stehst du; du mußt mit deinem Bewußtsein versuchen, ein Gleichgewicht herzustellen. Wenn du deinen unbewußten Persönlichkeiten dies mitteilst, kann es passieren, daß sie dir dann sogar behilflich sind! Es geht ja nicht an, daß du nur den Vorgaben deines Unbewußten folgst; es dürfte klar sein, daß dich das in größte Schwierigkeiten mit deiner Umgebung und der Gesellschaft bringen könnte.

Manche Inhalte treten in Gestalt einer uns bekannten Person auf. Wir müssen wissen, daß diese Person nichts mit dem Inhalt zu tun hat – es handelt sich ausschließlich um einen Inhalt unserer selbst. Man neigt hier sehr leicht dazu, Eigenschaften in der Person zu sehen, die sie gar nicht hat. Es ist daher in manchen Fällen anzuraten, den Inhalt eine andere Gestalt annehmen zu lassen. Auch die Erscheinungsform kann sich ändern. Unsere dunkle Seite kann als Mensch oder Tier (vielleicht ein verwundetes) zutage treten, als verwildertes Kind oder irgend etwas anderes, das unsere Sorge und Aufmerksamkeit verdient. (Der Schatten im Traum oder in der Imagination hat übrigens immer dein eigenes Geschlecht.) Wenn ein Tier in Erscheinung tritt, sieht es vielleicht so aus wie der Hund, den du als Kind hattest. Das Kind kann deinem eigenen oder dem aus dem Haus nebenan ähneln. Auch hier gilt: Alle diese Dinge sind Inhalte deiner selbst; sie sagen nur etwas über *dein* Unbewußtes aus.

Aktive Imagination kann auf verschiedenen Ebenen angewendet werden. Auf der untersten wird der Versuch unternommen, mit den Inhalten des Unbewußten gewissermaßen zu verhandeln, damit bestimmte Störungen oder Symptome aufhören. Das kann kurzfristig Erleichterung bringen – auf Dauer wird es keine Ergebnisse zeigen. Einer höheren Ebene entspricht es, wenn du versuchst, einen deiner Komplexe oder eine bestimmte Verhaltensweise anzugehen (Planeten-Konstellationen sind dazu bestens geeignet!). Wenn du dich lange genug damit beschäftigst, wirst du das Problem irgendwann begreifen und integrieren können. Das Wunderbare an diesem sich über längere Zeit hinziehenden Prozeß ist, daß du während der verschiedenen Imaginationen Freundschaft schließen kannst mit den Persönlichkeiten, die dich anfangs so maßlos geärgert haben.

Wenn du mit Hilfe der aktiven Imagination dein Ego stärken oder aus selbstsüchtigen Motiven übernatürliche Fähigkeiten entwickeln willst, wird das Unbewußte sich irgendwann gegen dich wenden. Sein subtiles Hilfsangebot wird dann in Chaos und Auflösung münden! Wenn du aber die aktive Imagination durchführst, um dein Unbewußtes kennenzulernen, wirst du Momente eines «kosmischen» Gefühls erleben, Momente, in denen plötzlich alles eins ist und in denen du für einen Augenblick ungekannten Frieden und inneres Gleichgewicht erfährst. Dann bist du ganz nahe am *Tao,* dem Ursprung der Quelle, am Brunnen des I Ging. Dieses Gefühl kann dein Begleiter werden und dich auf allen Lebensgebieten inspirieren.

Wie innen, so außen

Aus den Aufzeichnungen einer Workshop-Teilnehmerin, Corrie Kense:

Ich versuchte, meine Sonne im 12. Haus zu visualisieren. Was ich sah, war ziemlich schleierhaft. Ich fragte, warum das so wäre. Die Antwort war, daß ich zu sehr auf meinen Mond hinlebte und die Sonne deshalb nicht aus dem Schleier hervortreten könne. Ich fragte, was ich dagegen tun könnte. Die Antwort war: »Male etwas mit goldener Farbe.« Leute, die die Methode der aktiven Imagination nicht kennen, gehen davon aus, daß es das «bewußte» Ich ist, das diese Antwort phantasiert. Darauf kann ich in diesem besonderen Fall nur antworten, daß mein Ich diese Antwort niemals gegeben hätte. Ich mag nämlich gar kein Gold – Silber gefällt mir viel besser.

Ich begann dann aber, mit goldener Farbe zu malen: Sonnen, Figuren, alles, was mir gerade einfiel. Ich fühlte mich sehr erregt, und ich konnte mein Herz schlagen hören. Nach etwa ein, zwei Wochen wurde mir bei all dem Gold doch etwas unwohl zumute. Mir wurde klar, daß ich das Silber nicht ausschließen durfte. Allerdings machte mir die Silberfarbe einige

Schwierigkeiten: Im ersten Geschäft war sie nicht vorrätig, zu-
hause verlegte ich sie zunächst und zuletzt geschah etwas, das
mir beim Malen mit Gold nicht passiert war: Ich griff zweimal
in die noch nasse Farbe und verschmierte damit das Bild.
Zu dieser Zeit wurde ich aber nicht nur beim Malen mit
Gold konfrontiert. An einer Bushaltestelle stand ein Junge ne-
ben mir, der plötzlich aus seiner Tasche eine Tube Goldfarbe
zog. Einige Tage später fand ich an einer anderen Haltestelle
ein goldenes Armband. Kurz darauf wurde mir klar, daß ich
mich schon vor der Visualisation unbewußt mit Gold beschäf-
tigt hatte. Ich hatte einen Papyrus gekauft, auf dem in zwei
Goldtönen der Zodiak von Dendera abgebildet war. Und über
meinem Bett hing ein Poster, auf dem eine goldene Statue ab-
gebildet war.

Was können wir in Corries Fall beobachten? Corrie hört auf ihr
Unbewußtes und fängt an, mit Gold zu arbeiten. Sie begegnet dieser Farbe sogar dann, wenn sie auf den Bus wartet – es ist sicher
nicht alltäglich, daß jemand, der an der gleichen Haltestelle wartet,
eine Tube Goldfarbe in der Hosentasche hat. Jung hätte hierin ein
typisches Beispiel der Synchronizität gesehen, die besagt, daß man
in der Außenwelt genau dem begegnet, womit man sich gerade
selbst beschäftigt. Das Malen mit Gold rief starke Gefühle in Corrie hervor, was ein Zeichen ist, daß etwas Wichtiges ausgelöst
wurde. Als sie aus einem Bedürfnis nach Ausgewogenheit (ihr
Sonnenzeichen ist Waage) auch mit Silber arbeiten wollte, gab das
Unbewußte ihr zu verstehen, daß die Zeit dafür noch nicht reif
war: Zunächst verlegte sie die Tube, und zweimal verschmierte sie
dann das Bild, was ihr mit Gold nicht passiert war. Auch in der
Außenwelt traf sie auf Widerstand, als es die Farbe nicht zu kau-
fen gab.

Nachdem Corrie auf ihr Unbewußtes gehört und mit der Farbe
Gold zu arbeiten begonnen hatte, wurde ihr klar, daß sie sich
schon früher mit dem Thema «Gold» beschäftigt hatte – man denke an den Zodiak und an das Poster! Es war jetzt «an der Zeit» für
dieses Thema. Ein Mensch mit einem Bewußtsein, das ausschließ-

lich auf die Welt der stofflichen Erscheinungen gerichtet ist, wird in all dem keinen Sinn entdecken können. Er würde bezweifeln, daß man eine verschleierte Sonne «sieht» und die Frage stellen, wie denn aus dem «Nichts» heraus der Auftrag kommen soll, mit goldener Farbe zu malen. Ein Jahr nach dieser Erfahrung fragte ich Corrie, was bei ihr ausgelöst worden war und ob sich eine bleibende Veränderung ergeben hätte. Sie antwortete:»Der ganze Prozeß hat mir ein dauerhaftes Gefühl der Befreiung verschafft. Ich habe jetzt auch den Mut, ruhig und bestimmt für mich selbst einzutreten. Das ist durch das damalige Erlebnis ausgelöst worden.«

In der Außenwelt erlebte Corrie Dinge, die mit dem übereinstimmten, was sich in ihrem Inneren abspielte. Die Beziehung zwischen der äußeren und der inneren Welt ist – was C. G. Jung immer wieder betont hat – viel stärker, als wir annehmen. Je mehr man sich dem Unbewußten öffnet, desto besser wird man die Signale der Außenwelt, die mit der inneren Symbolik zusammenhängen, verstehen. Ist diese Öffnung erfolgt, kommt es zu einem lebendigen Austausch zwischen Bewußtsein und Unbewußtem, Hand in Hand mit einer ebenso lebendigen Wechselwirkung zwischen der inneren und der äußeren Realität.

Jung pflegte seinen Schülern und Mitarbeitern zu sagen:

Wenn ihr eine Vorlesung oder einen Workshop zur aktiven Imagination abhaltet, vergeßt nicht, die Geschichte des chinesischen Regenmachers von Kiau Tchou zu erzählen.

Jung hatte diese wahre Begebenheit von seinem Freund Richard Wilhelm, dem bekannten Sinologen und Übersetzer des I Ging, gehört. Jung erzählte die Geschichte wie folgt:

In dem Teil Chinas, in dem Richard Wilhelm wohnte, herrschte einmal eine schreckliche Dürreperiode. Die Menschen hatten alles Mögliche unternommen, um Regen herbeizurufen, doch nichts wollte helfen. Schließlich wendeten sie sich an einen Regenmacher. Wilhelm war sehr interessiert und sorgte dafür, daß er anwesend war, als dieser, ein kleiner Greis mit faltigem Gesicht, in seinem verdeckten Wagen eintraf. Der Regenmacher

stieg aus dem Wagen und schnupperte sogleich mit deutlichen
Anzeichen des Widerwillens in der Luft herum. Dann bat er, ihn
für ein paar Tage in einer Hütte außerhalb des Dorfes allein zu
lassen. Die Mahlzeiten sollten ihm vor die Tür gestellt werden.
Drei Tage lang sah und hörte man ihn nicht. Dann fing es
nicht nur an zu regnen, sondern es fiel auch eine Menge
Schnee, was für diese Jahreszeit äußerst ungewöhnlich war.
Tief beeindruckt suchte Wilhelm den Regenmacher auf und
fragte, auf welche Weise er Regen und sogar Schnee gemacht
hätte. Der Alte antwortete: »*Ich habe den Schnee nicht ge-*
macht. Ich trage keine Verantwortung dafür.« *Wilhelm drang*
weiter auf ihn ein und wies darauf hin, daß vor seinem Eintref-
fen eine große Dürre geherrscht hätte. Diesmal antwortete der
alte Mann: »*Das kann ich erklären. Wo ich wohne, sind die*
Menschen im Gleichgewicht, sie befinden sich im Tao. Also ist
auch das Wetter in Ordnung. Als ich hier ankam, sah ich, daß
die Menschen aus dem Gleichgewicht waren und merkte, daß
sie mich damit ansteckten. Also blieb ich allein, bis ich wieder
im Tao war. Dann mußte es natürlich anfangen zu schneien.

Barbara Hannah führt in diesem Zusammenhang die Geschichte
der Heiligen Gertrude an. Man erzählt von dieser Benediktiner-
Oberin, daß sie durch ihr Gebet erreichen konnte, daß es nach Pe-
rioden von stregem Frost wärmer wurde. Sie soll auch die Fähigkeit besessen haben zu heilen. Die Niederschrift ihrer Gebete zeigt
etwas sehr Wichtiges: Sie versuchte in keiner Weise, Gott ihren
Willen oder ihr Ego aufzuzwingen. Sie bat ihn lediglich, seine
Aufmerksamkeit auf das jeweilige Geschehen zu richten. Sie
trachtete danach, in vollkommener Harmonie mit ihm zu sein.
Auch wenn nichts geschehen wäre, hätte das ihrem Gefühl für
Gott keinen Abbruch getan. Vollkommene Harmonie mit ihm,
ohne Resultate sehen zu wollen – diese Einstellung war es, die Ergebnisse hervorbrachte.*

---

* Barbara Hannah: Begegnung mit der Seele. Aktive Imagination, der Weg zu Heilung und
Ganzheit. München 1991 (Knaur Taschenbuch)

Man könnte «Gott» mit «Tao» übersetzen, in gewissem Sinn auch mit dem jungianischen Begriff «Selbst». Es spielt keine Rolle, welchen Begriff man wählt, und auch nicht, welcher Religion man anhängt. Es geht vielmehr darum, eine Lebenshaltung anzunehmen, in der das Ego als Zentrum des Bewußtseins intakt bleibt und sich entwickeln kann. Das Ego muß aber die Welt des Unsichtbaren und des Unbeweisbaren anerkennen – die astrologische Welt des 12. Hauses. Dies bedeutet die Einheit mit der Natur, die sich in uns und außerhalb von uns befindet. In unserem Horoskop gibt es nichts, was uns so nahe an die Quelle des Stroms des Lebens heranbringt wie das so oft verkannte 12. Haus.

Kapitel 11

Der Hellseher Gerard Croiset

Gerard Croiset, der der wohl bekannteste Hellseher der Niederlande gewesen ist, hat seine Fähigkeiten im Rahmen von wissenschaftlichen Untersuchungen zu übernatürlichen Erscheinungen sehr oft demonstriert. Über ihn wurde viel geschrieben, und er selbst verfaßte eine Autobiographie. So können wir bezüglich seines Lebens sowohl auf eigene als auch auf fremde Zeugnisse zurückgreifen. Die persönlichen Äußerungen sind wichtig, weil das Horoskop weniger objektive Ereignisse, sondern eher die individuelle Erlebniswelt und die daraus resultierenden Reaktionen beschreibt. Anhand der persönlichen Erfahrungen werden wir untersuchen, welche Rolle das 12. Haus für Croiset gehabt hat.

Gerard Croiset wurde – lange vor dem errechneten Geburtstermin – am 10. März 1909 geboren. Er war von außerordentlich schwacher Konstitution; nach der Entbindung erkrankte er an einem Darmkatarrh und trocknete innerlich völlig aus. Niemand gab ihm eine Überlebenschance, aber er erholte sich – wie auch später immer wieder.

Die Familie Croiset lebte in großer Armut, und während der Kindheit sah sich Gerard mit den verschiedensten Problemen konfrontiert. Die Umstände, die er bei seiner Geburt vorfand, waren recht ungewöhnlich. Sein Vater Hijman Croiset, verheiratet mit Judith Boekbinder, war ein idealistischer Mensch, der mit dem alltäglichen Leben nicht viel anfangen konnte. Er beschäftigte sich ständig mit der Zukunft und zögerte nicht, seine Lebensweise radikal zu verändern, wenn er glaubte, daß seine Ideale dies von ihm forderten. Dabei kümmerten ihn die Folgen für seine Familie nicht. Croiset selbst nannte seine Eltern progressiv und exzentrisch. Sie lebten und kleideten sich so, wie sie es für richtig hielten, und gingen ihre eigenen Wege.

Die Eltern traten einer von Frederik van Eeden gegründeten Bewegung bei, die eine sozialistisch inspirierte Form des Zusammenlebens anstrebte. Das bedeutete in der Praxis das Wohnen und gemeinsame Arbeiten in einer freien Kommune. Die idealistische Orientierung dieser Bewegung sprach Croisets Vater zunächst sehr an.

Innerhalb der Kommune wurde auch freie Liebe betrieben, was – wie Croiset schreibt – zu großen Problemen führte. Weil auch Mitglieder in die Gemeinschaft eintraten, deren Hauptmotiv es war, sexuelle Triebe ungehemmt ausleben zu können, verließen Croisets Eltern die Kommune. Sie entschieden sich für eine «normale» Ehe, in der sie ihre Ideale für sich allein hochhalten wollten. Diese Verbindung erwies sich aber als wenig stabil, und das Paar trennte sich bald. Vom siebten Lebensjahr an wurde Gerard oft bei Fremden untergebracht – zunächst bei seiner Großmutter mütterlicherseits, zeitweilig in einem Kinderheim und später in verschiedenen Pflegefamilien.

Croiset beschreibt seinen Vater ausführlich. Dieser verabscheute die Realität des Augenblicks, weil er sie nicht mit seinen Idealen in Übereinstimmung bringen konnte. Trotzdem genoß er das Leben in vollen Zügen. Es hat den Anschein, als hätte er fortwährend Angst vor dem Tod gehabt – schon beim kleinsten Kratzer fürchtete er, eine Blutvergiftung zu erleiden. Diese Besessenheit äußerte sich später dahingehend, daß er für andere gerne den Doktor spielte. Dabei legte er selbst eine übernatürliche Begabung an den Tag, was er aber nicht wahrhaben wollte. Er konnte diese Begabung nicht erklären und bestritt sie einfach entschieden. Das Übernatürliche und der Tod weckten in ihm Ängste. Gerard Croiset schreibt:

Er wollte das Geheimnis des Lebens entdecken, um es dann nach seinem Willen zu steuern. Er hoffte, den Tod abwenden zu können, und fürchtete im tiefsten Innern ständig, daß dieser ihn einholen könnte, ehe er seine Ideale verwirklicht hätte. Darum versuchte er, in viel zu kurzer Zeit alles zu erleben, was es zu erleben gab. Er verzehrte sich beständig nach dem Unerreichbaren und erprobte in überhöhtem Tempo die verschiedensten Methoden, um das Leben intensiver zu erfahren. So entstand in seinem Geist ein überspanntes und verworrenes philosophisches Gebilde, was ihn immer mehr zum Außenseiter machte.

Das 12. Haus im Horoskop Gerard Croisets

Das Leben Gerard Croisets ist von einem sehr schwierigen Beginn und überhaupt von einer problematischen Kindheit gekennzeichnet. Betrachten wir einmal sein 12. Haus. In diesem steht ein Planet: Merkur. Dieser herrscht über zwei Häuser, nämlich das 4. (an dessen Spitze das Zeichen Zwillinge steht) und das 7. (Jungfrau am Deszendenten). Das 12. Haus hat zwei Herrscher: Saturn (das Zeichen Steinbock steht an dessen Spitze) und Uranus (das Zeichen Wassermann ist in 12 eingeschlossen). Wir müssen die Position beider Herrscher in unserer Analyse berücksichtigen. Es ergeben sich also folgende einzelne Faktoren:

Merkur in 12
Herrscher von 4 in 12
Herrscher von 7 in 12

Herrscher von 12 (Saturn) in 1
Herrscher von 12 im Quadrat zu Mars
Herrscher von 12 im Quadrat zum Mitregenten von 1 (Mars)
Herrscher von 12 im Quadrat zu Neptun
Herrscher von 12 im Quadrat zum Herrscher von 1 (Neptun)
Herrscher von 12 im Quinkunx zu Jupiter
Herrscher von 12 im Quinkunx zum Herrscher von 10 (Jupiter)

Mitregent von 12 (Uranus) in 11
Mitregent von 12 im Quadrat zum Mond
Mitregent von 12 im Quadrat zum Herrscher von 5 (Mond)
Mitregent von 12 im Quadrat zum Herrscher von 6 (Mond)

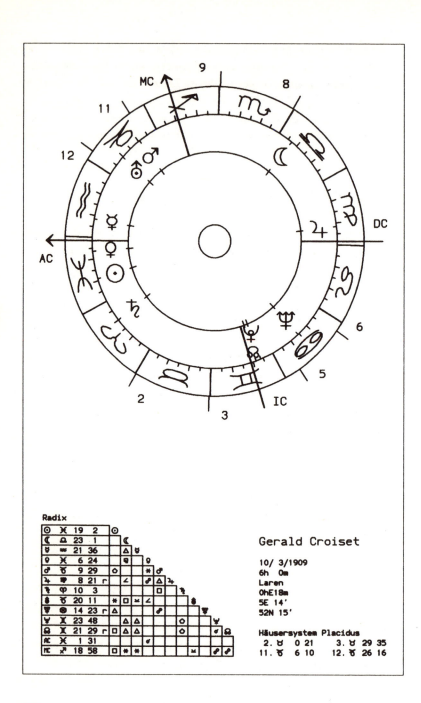

Radix

☉	♓	19	2	☉										
☽	♎	23	1		☽									
☿	♒	21	36		△	☿								
♀	♓	6	24			□	♀							
♂	♉	9	29	⚹			⚹	♂						
♃	♍	8	21	r	∠		☍	△	♃					
♄	♈	10	3					□		♄				
♅	♉	20	11	⚹	□	✶	∠				♅			
♆	♋	14	23	r	△			☍				♆		
♇	♊	23	48		△	△			☌				♇	
☊	♊	21	29	r	□	△	△		☌				⚹	☊
Asc	♓	1	31				☌							Asc
MC	♐	18	58	□	⚹	✶					✶		☍	☍

Gerald Croiset

10/ 3/1909
6h 0m
Laren
0hE18m
5E 14'
52N 15'

Häusersystem Placidus
2. ♉ 0 21   3. ♉ 29 35
11. ♉ 6 10   12. ♉ 26 16

172

Mitregent von 12 in Opposition zu Neptun
Mitregent von 12 in Opposition zum Herrscher von 1 (Neptun)
Mitregent von 12 im Sextil zur Sonne
Mitregent von 12 im Sextil zum Mitregenten von 6 (Sonne)

Es bestehen also viele Verbindungen zum 12. Haus. Wir wollen die Deutungsmöglichkeiten näher betrachten und untersuchen, was wir davon im Leben und Erleben Gerard Croisets wiederfinden. Wie wir aus vorhergehenden Kapiteln wissen, kann sich das 12. Haus auf verschiedenes beziehen: Die Situation zur Zeit der Geburt, die Erfahrungen während der mythischen Phase, Probleme oder verdrängte Inhalte der Eltern, deren verborgene Begabungen und Talente, welche wiederum Teil der Familienproblematik sein können. Wir müssen dies bei der Deutung sämtlicher Faktoren des 12. Hauses im Auge behalten.

Merkur ist der Planet der Kontakte und der Kommunikation, des Schreibens, Sprechens, Denkens und der Analyse, um nur einiges zu nennen. Bei manchen Menschen mit Merkur im 12. Haus oder im Aspekt zu dessen Herrscher finden sich schon in der frühesten Phase Probleme, die mit Kontakten oder Kommunikation zusammenhängen. Zum Beispiel ist es denkbar, daß die Eltern nicht auf die Signale des Säuglings reagiert oder ihm zu wenig Aufmerksamkeit geschenkt haben. Vielleicht haben sie kaum oder gar nicht mit ihm gesprochen oder ihm zu wenig geistige Anregung verschafft. Bei Kleinkindern verhält es sich ähnlich.

Dies kann auch bei Croiset eine Rolle gespielt haben. Wie wir wissen, hatte sein Vater Schwierigkeiten, mit der täglichen Realität zurechtzukommen, da sein Kopf gewissermaßen schon in der Zukunft war. Möglicherweise ist ihm darüber völlig entgangen, daß sein Kind ein Bedürfnis nach Zuwendung hatte. Croiset berichtet folgenden Vorfall: Er hatte sich einmal drei Tage lang damit beschäftigt, einen Zweig mit einer Spielzeugsäge zu bearbeiten. Nachdem er zwischendurch kurz davor gewesen war aufzugeben, präsentierte er schließlich seinem Vater stolz die zwei Teile. Dieser war gerade mit einem Besucher in eine politische Diskussion verwickelt; er schenkte dem Triumph seines sechsjährigen Sohnes nicht die geringste Aufmerksamkeit. Croiset schreibt: »Das, was ich gemacht hatte, interessierte ihn überhaupt nicht.« Als er seinen Vater einmal darauf ansprach, bekam er zur Antwort: »Du willst aber auch ständig beachtet werden...«

Natürlich beweist dieser Vorfall noch nicht, daß der Vater seinem Sohn niemals Aufmerksamkeit gewidmet hat. Aber wenn sich jemand einer solchen Begebenheit erinnert und sie wichtig findet, dann hat sie in ihm tiefe Spuren hinterlassen. Diese Art des Erlebens kommt im Horoskop zum Ausdruck. Croisets Autobiographie weckt allerdings den Eindruck, daß sein Vater sich nur selten mit der Erziehung seines Sohnes beschäftigte. Es könnte also sein, daß der beschriebene Vorfall typisch für die Haltung des Vaters ist.

Merkur im 12. Haus bedeutet aber nicht zwangsläufig mangelnde Aufmerksamkeit seitens der Eltern. Es kommt auch vor, daß das Kind selbst undeutliche (oder auch keine) Signale aussendet, die falsch verstanden werden (beziehungsweise nicht zu empfangen sind). In diesem Fall wird sich das Kind auch bei den Eltern mit den besten Absichten mißverstanden und unsicher fühlen. So kenne ich einen Fall, in dem ein Kind fröhlich um sich schaute, obwohl es schon geraumer Zeit eine volle Windel hatte. Es mußte sich doch irritiert fühlen, zumal es noch an einer Windeldermatitis litt! Es war dem Kind einfach nicht anzusehen, wann es gewickelt werden mußte.

Ich habe diese Stellung von Merkur auch bei Kindern gesehen, bei denen ein Elternteil gerne studiert hätte oder eine schriftstellerische Gabe besaß, die er nicht zum Ausdruck bringen konnte. Wie dem im einzelnen Fall auch sein mag – mit dieser Stellung ist das Problem verbunden, auf offene und direkte Weise zu kommunizieren. Diese Stellung kann zur gleichen Zeit die Kommunikation mittels unbewußter Signale stimulieren – mit ihr ist vielleicht eine übernatürliche Begabung vorhanden (wobei diese mit Ängsten besetzt sein kann). Möglicherweise äußert sich die Unsicherheit in bezug auf Denken, Kontakte und Kommunikation, vor allem in jungen Jahren, auch darin, daß man ständig beachtet werden will oder andere mit Fragen und Bemerkungen stört. Die Bemerkung von Croisets Vater: »Du willst aber auch ständig beachtet werden«, könnte damit zusammenhängen. Wege aus der Unsicherheit können im Aufbau einer eigenen Phantasie- und Gedankenwelt liegen, im Dichten, Tagebuchschreiben, Rätselraten usw.

Merkur ist in diesem Horoskop auch der Herrscher des 4. und des 7. Hauses. Eine Verbindung zwischen dem 4. und dem 12. Haus sehe ich oft bei Menschen, die eine etwas chaotische Kindheit mit wenig emotionaler Sicherheit gehabt haben. Manchmal haben diese Menschen jahrelang das Gefühl gehabt, eigentlich von anderen Eltern abzustammen und nicht in die Familie zu gehören, in der sie aufwuchsen. Auf irgendeine Art wissen diese Menschen nicht, wo sie hingehören. Vielleicht versuchen sie vergeblich herauszufinden, was sich in ihrer frühen Kindheit wirklich abgespielt hat. Unausgesprochene Fragen und die Tendenz, aneinander vorbeizuleben, sind mit dieser Stellung häufig verbunden.

Wenn sich positive Auswirkungen gezeigt haben, war das Zuhause durch eine angenehme Atmosphäre geprägt. In diesem Fällen wurde oft musiziert oder anderen künstlerischen Beschäftigungen nachgegangen, und man hatte Verständnis füreinander. Manchmal war die Religion oder die Kirche der bindende Faktor in der Familie. Allerdings habe ich nicht sehr häufig erlebt, daß die Stellung des Herrschers des 4. Hauses in 12 von positiven Auswirkungen begleitet war – das Gefühl der Entwurzelung war weitaus häufiger zu beobachten.

Die Erfahrungen Gerard Croisets sind bezeichnend für dieses Gefühl. Von Geburt an konnte er sich nicht verwurzeln. Seine Eltern schafften es nicht, ein ruhiges, Geborgenheit bietendes Familienleben aufzubauen. Sehr illustrativ zu diesem Thema ist auch das folgende Beispiel, das von einer Teilnehmerin eines Workshops stammt. Diese hatte festgestellt, daß in den Horoskopen ihrer Eltern keinerlei Verbindung zwischen dem 12. und dem 4. Haus besteht, im Gegensatz zu den Horoskopen aller sieben Kindern und vier der sechs Enkelkinder, wo dieser Zusammenhang vorhanden ist. Beim Vater steht Pluto im 4. Haus, bei der Mutter findet sich dort ein unaspektierter Mond. Bei Pluto im 4. Haus ist häufig eine so große emotionale Empfindlichkeit gegeben, daß der Betreffende es vorzieht, seine Gefühle zu verleugnen oder zu verdrängen. Allerdings gärt dann unter der Oberfläche etwas weiter, das für die Umgebung ungreifbar bleibt. Eine Flucht ins Angebertum kann dann vorkommen, wenn auch ein Ton von Angst und Unsicherheit mitklingen wird. Erst nach einer Konfrontation mit der eigenen Angst kann eine feste emotionale Basis geschaffen werden. Dieser Prozeß braucht allerdings seine Zeit.

Der unaspektierte Mond der Frau kann bedeuten, daß sie sich lange Zeit unsicher war, ob sie wohl eine gute Mutter sein würde. Diese quälende Frage kann mit übertriebener Fürsorglichkeit kompensiert werden, die aber manchmal gerade dann, wenn die Kinder Wärme und liebevolle Pflege brauchen, hinter einem blockierten Selbstausdruck verschwindet. Die Fähigkeit, Liebe und Wärme zu geben, kann mit einem unaspektierten Mond zunächst schwer zu steuern sein. Konkret heißt das, daß die Über- beziehungsweise Nicht-Reaktion nicht vom Willen der Mutter abhängt, sondern diese eher wie eine Laune überfällt. Auch hier kann ein Prozeß der Konfrontation mit der Angst allmählich zu größerer Ausgeglichenheit führen, wenn man langsam entdeckt, daß alles gut geht, solange keine Erwartungen bestehen. Wenn das Selbstvertrauen entwickelt ist, kann ein unaspektierter Mond eine unbeschwerte und ausgeglichene Fürsorglichkeit bedeuten. Es kann aber bis weit ins Erwachsenenalter dauern, bis die Unsicherheit abgebaut ist.

In den Horoskopen dieser beiden Elternteile können wir also eine konfliktreiche Situation in bezug auf Fürsorglichkeit, auf das Zuhause und die Familie erkennen, die sich bei beiden auf unterschiedliche Art äußert. Der positive oder negative Umgang mit diesen Konflikten kann bei ihren Kindern, die alle eine Verbindung zwischen dem 4. und dem 12. Haus haben, einen tiefen Eindruck hinterlassen. Es ist denkbar, daß dieses Problem an die folgenden Generationen weitergegeben wird, die in diesem Fall gewissermaßen eine bestimmte Konstellation erben.

Im positiven Sinn kann eine Verbindung zwischen dem 4. und dem 12. Haus zeigen, daß die eigene emotionale Basis und die Fähigkeit, andere liebevoll zu umsorgen (4. Haus), mit dem Einfühlungsvermögen des 12. Hauses in Beziehung steht. Aus Mitgefühl Menschen und Tieren zu helfen wäre dann eine Möglichkeit, diese Verbindung auf konstruktive Weise zum Ausdruck zu bringen. Unsicherheit im Gefühlsleben und die Schwierigkeit, sich eine Sphäre der Geborgenheit zu schaffen, gehören zu den negativen Auswirkungen. Generell steht aber bei dieser Verbindung Sensibilität und ein großes Bedürfnis nach liebevoller Zuwendung im Vordergrund. Besteht hier ein derartiges Dilemma, ist es letztendlich nicht allzu schwierig, es zu überwinden.

Daß der Herrscher des 7. Hauses in 12 steht, kann bei Croiset darauf hindeuten, daß er keine Vorstellung von einer ausgewogenen und gesellschaftlich akzeptierten Form der Ehe beziehungsweise der Partnerschaft entwickeln konnte. Das hat ihn vielleicht dazu neigen lassen, zu stark zu idealisieren. Wir können annehmen, daß Croiset vielleicht schon von Natur aus sehr empfindlich auf das idealistische und idealisierende Element in der Ehe seiner Eltern reagiert hat. In diesem Fall hätte die Reaktion dann nichts damit zu tun, ob dieses Element für die Eltern wirklich wichtig gewesen wäre. Es ist nun einmal sehr schwierig zu bestimmen, ob die Erfahrung einer bestimmten Situation im Vordergrund steht oder ob es um Charaktereigenschaften geht, die schon von Geburt an vorhanden sind (siehe auch Kapitel 5).

Wenn der Herrscher des 7. Hauses in 12 steht, bedeutet das nicht zwangsläufig, daß die Eltern eine schlechte Ehe führen oder daß beide ständig betrunken sind. Allerdings sind für manche Eltern die ersten Lebensjahre des Kindes eine schwierige Zeit. Die Eltern Croisets erlebten Probleme, als ihre Ideale bezüglich des Lebens in der Kommune zerstört wurden. In vereinzelten Fällen habe ich gesehen, daß sich die Beziehung der Eltern zueinander drastisch veränderte, als das Kind noch klein war. Dabei geht es dann in erster Linie um eine Zunahme der Sensibilität: einen intensiven, vielleicht telepathisch anmutenden Kontakt, um Musik, Kunst, Yoga, Meditation, Hypnose, Imagination, Religion oder dergleichen mehr.

Daß der Herrscher von Haus 12 in 1 steht, weist deutlich auf Croisets Sensibilität hin. Diese Verbindung sehe ich immer wieder bei Menschen, die von frühester Kindheit an äußerst empfindlich auf Stimmungen und Situationen reagieren, ohne daß sie sich dessen bewußt sind. Manchmal nehmen sie dabei die Spannungen anderer auf sich – so können sich beispielsweise die Kopfschmerzen einer anderen Person auf sie übertragen. Vielleicht kommt es auch, ohne daß eine Ursache erkennbar wäre, plötzlich zu traurigen oder nervösen Stimmungen mit Erschöpfungszuständen oder Krankheiten. Diese Menschen begreifen dann zunächst meist nicht, daß der Kopfschmerz, der Stimmungswechsel, die Traurigkeit oder Spannung von jemand anderem stammt. Bis sie sich dessen bewußt werden, kann einige Zeit vergehen.

Noch andere Probleme sind möglich. Es fällt oft schwer zu akzeptieren, daß man plötzlich, ohne eigentlich etwas damit zu tun haben, in Zustände des Unbehagens, des Unwohlseins oder der Anspannung verfällt. Es liegt auf der Hand, daß auch die Umgebung in dieser Hinsicht eine negative Wirkung ausüben kann. Ein Beispiel: Ein Kind betritt einen Raum, in dem zwei Leute sich gerade heftig gestritten haben. Wenn diese sich jetzt auch wieder lieb und nett zeigen, so liegt die Atmosphäre der Auseinandersetzung doch noch in der Luft, und derjenige mit einer Verbindung zwischen Haus 12 und 1 wird sie wahrnehmen. Nun geht es darum, wie die unangenehme Atmosphäre interpretiert wird. Es ist denkbar, daß man – gerade als sensibles Kind – sie auf sich bezieht: daß die Anwesenden nur zum Schein freundlich sind, in Wirklichkeit einen aber abweisen. Dann wird sich das Kind in der Folge verkriechen, und die beiden Erwachsenen werden sich fragen, warum es sich verschließt. In der Beziehung zur Außenwelt sind mit dieser Verbindung also Irrtümer und Verständnisprobleme möglich. Wenn Kinder betroffen sind, wissen sie oftmals nicht, wie sie sich eigentlich verhalten sollen. Häufig handelt es sich aber auch um das Problem eines Eltern- oder Großelternteils. Generell gilt: Die hier bestehende Sensibilität kann bis zur Entwicklung von übernatürlichen Fähigkeiten führen.

In Croisets Fall bestehen viele Verbindungen zwischen dem 12. und dem 1. Haus: Der Herrscher von Haus 12 steht in 1 sowie im Quadrat zum Herrscher von 1 und im Quadrat zum Mitregenten von 1; der Mitregent von Haus 12 steht in Opposition zum Herrscher von 1. Das Horoskop zeigt, daß Croiset vom ersten Augenblick an gegenüber der Außenwelt extrem sensibel war. Diese Empfindsamkeit kann sich auch körperlich manifestieren – in Croisets Fall bedeutete sie eine überaus schwache Gesundheit.

Mit dem Herrscher des 12. Hauses im Quadrat zu Mars scheint bei den Eltern und/oder Großeltern eine verdrängte Aggressivität mitgespielt zu haben – Konfliktscheu, Angst vor Gewalt und Aggression, Angst, für sich selbst die Verantwortung zu übernehmen und «Ich will» zu sagen. In der Regel werden derartige Verdrängungen und Ängste – wie in den vorangegangenen Kapiteln beschrieben – durch Aufopferung für andere beziehungsweise eine aggressive Form der Dienstbarkeit überkompensiert. Diese Auswirkung geht auch mit Mars im 12. Haus oder im Aspekt zu dessen Herrscher einher. Mit dieser Stellung ist es leichter, für jemand anderen einzutreten als für sich selbst. Befriedigung bietet hier oft die Hingabe an ein kollektives Ziel oder die Arbeit für Problemgruppen oder Tiere.

Croiset setzte dieses Bedürfnis auf seine eigene Weise um. Er war sowohl Hellseher als auch eine Art Wunderdoktor. Er hat vielen Menschen für wenig oder gar kein Geld geholfen. Es machte ihm Schwierigkeiten, für sich selbst zu sorgen, weil seine Freundlichkeit ausgenutzt wurde: Manche legten ihm Knöpfe statt Geld in seine Schale. Wenn er dies dann später bemerkte, regte er sich sehr darüber auf. Dieses Phänomen habe ich oft bei Menschen gesehen, deren Mars im 12. Haus oder im Aspekt zu dessen Herrscher steht: Man traut sich nicht, etwas für sich selbst zu fordern, so daß die anderen die Entscheidung treffen. Ist man mit dieser unzufrieden, läßt man seinem Ärger erst freien Lauf, wenn man alleine ist. Auch in anderen Situationen kann sich die Wut nach innen richten und dort noch eine Weile weitergären.

In Croisets Autobiographie und in den über ihn geschriebenen Artikeln finden sich kaum Informationen, wieweit seine Eltern oder Großeltern Probleme hatten, ihren eigenen Weg zu gehen. Sein Vater hatte wohl nicht besonders mit diesem Problem zu kämpfen – er nahm wenig Rücksicht auf andere, bewies in einigen Situationen Mut und ließ sich keine Vorschriften machen. Die Mutter opferte sich für die Familie auf – die Erziehung lag vollständig in ihrer Hand, und nach der Scheidung arbeitete sie Tag und Nacht, um die Kinder durchzubringen. Die Strapazen waren zuviel für sie, und sie landete schließlich im Krankenhaus. Später heiratete sie einen viel älteren Mann, einen 62jährigen Junggesellen. Das Verhältnis zwischen ihm und den Kindern war so schlecht, daß Gerard Croiset wieder bei einer Pflegefamilie untergebracht werden mußte. Es könnte sein, daß Croisets problematisches Quadrat vom Herrscher des 12. Hauses zu Mars mit bestimmten Problemen seiner Mutter in Zusammenhang steht.

Der Herrscher von 12 im Quadrat zu Neptun und der Mitregent von diesem Haus ebenfalls im Aspekt, in Opposition, zu diesem sind ein weiterer starker Hinweis auf Croisets Empfindlichkeit. Verbindungen zwischen dem 12. Haus und Neptun sehe ich oft bei Kindern, in deren Familie übernatürliche Begabungen vorhanden sind, mit denen nur wenig oder gar nicht gearbeitet wird. Ich habe Fälle erlebt, in denen ein Elternteil ein derartiges Talent bei sich selbst erst entdeckte, nachdem er dies bei seinem Kind festgestellt hatte! Croiset selbst schreibt, daß sein Vater mehrmals eine bemerkenswerte übernatürliche Begabung gezeigt hätte, von dieser jedoch nichts wissen wollte. Neptun im Aspekt mit beiden Herrschern des 12. Hauses muß nicht unbedingt übernatürliche Fähigkeiten bedeuten – vielleicht sind auch verborgene künstlerische Begabungen, eine Empfänglichkeit für Phantasien, Träume und Symbole, die Fähigkeit zu heilen oder ähnliches anzutreffen.

Ein Zusammenhang zwischen dem 12. Haus und Neptun kann darauf hindeuten, daß die Eltern verschiedene Religionen haben (was auch mit einer Verbindung zwischen Jupiter und dem 12. Haus der Fall sein kann). Mit dieser Verbindung ist häufig ein eigener Glauben, unabhängig von einer Religion, zu beobachten, welcher aus dem eigenen Inneren entsteht und genährt wird. Idealismus, Mitleid und eine aufopfernde Gesinnung sind hier typische Züge. Croisets Vater scheint sich über seine idealistischen Vorstellungen nicht im klaren gewesen zu sein (ebensowenig wie über seine übernatürliche Begabung) – sonst würden sie sich nicht auf diese zwanghafte Art ausgewirkt haben. Gut möglich, daß die Aspekte von Neptun (Quadrat zum Herrscher von 12, Opposition zum Mitregenten von 12) die frühen Erfahrungen Croisets mit dem unausgewogenen Idealismus seiner Eltern, insbesondere seines Vaters, beschreiben.

Der Herrscher vom 12. Haus im Quinkunx zu Jupiter verstärkt das eben Ausgeführte noch. Jupiter ist der Planet der Expansion – sein Ideal liegt in der Ausweitung des eigenen Horizontes, der eigenen Welt, der eigenen Persönlichkeit. Jupiter akzeptiert nicht, daß irgend etwas unerreichbar sein sollte; er hält alles für möglich. Croisets Worten nach hat sein Vater wohl Probleme mit Jupiter gehabt: »Er verspürte einen ständigen Hunger nach dem Unerreichbaren...« Croiset war sehr empfänglich für den ungehemmten Expansionstrieb seines Vaters, und auch bei sich selbst verspürte er die Neigung, immer wieder zu hoch zu greifen. Die Tatsache, daß es sich bei diesem Aspekt um ein Quinkunx handelt, kann zu einem allgemeinen Gefühl der Unruhe beigetragen haben.

Croiset schrieb auch, daß sein Vater sich gern als Doktor gab. Jupiter im 12. Haus habe ich oft bei Kindern gesehen, deren Vater oder Mutter gerne Arzt oder Lehrer geworden wäre, gerne studiert hätte oder auf Reisen gegangen wäre. Viele dieser Eltern haben ihren Jugendtraum verdrängt und ahnen nicht, daß er bei ihrem Kind wieder zum Vorschein kommen wird, im Bereich des nebelhaften 12. Hauses. Für Ärzte ist diese Position sehr vorteilhaft – sie können über das Unbewußte mit ihren Patienten kommunizieren, was ihnen wertvolle Informationen verschafft. Logisch nicht zu begründende Formen der Kommunikation sind für eine umfassende Diagnose unverzichtbar. Auch Gerard Croiset hat sich ihrer bedient.

Die Aspekte von Jupiter und Neptun mit den beiden Herrschern des 12. Hauses können auch das Bedürfnis zum Inhalt haben, sich eins mit allem Lebendigen zu fühlen. Neben dem religiösen Erlebnis der Verbundenheit mit den Mitmenschen und der Natur können sie sich darauf beziehen, daß nach der Synthese aller Dinge gesucht wird. Diese Aspekte können zu Tätigkeiten führen, die mit Religion, Arbeit für die Dritte Welt oder zum Schutz von Tieren oder mit Kindern, Menschenrechten oder Randgruppen der Gesellschaft (ethnische Minderheiten, Drogenabhängige usw.) zu tun haben. Auch spirituelle Arbeit sowie alternative Heil- und Lebensformen sind gute Entsprechungen. Ein allzu großer Idealismus kann aber auch eine Gefahr darstellen: Wenn man sich selbst und die Realität aus den Augen verliert, nach einem unerreichbaren Ideal jagt, einen falschen Propheten verehrt usw. Wir dürfen beim 12. Haus nie vergessen, daß wir es mit dem kollektiven Unbewußten zu tun haben, welches uns unter Umständen aufsaugen kann. Planeten im 12. Haus geben nähere Hinweise darauf, wie die Gefahr in unserem Fall beschaffen ist. Zugleich zeigen sie uns aber, wie wir aus dem tiefen Brunnen schöpfen können. Dieses Haus ist also dadurch gekennzeichnet, daß wir immer wieder auf der Grenze zwischen Persönlichem und Kollektivem balancieren müssen.

Der Mitregent des 12. Hauses, Uranus, steht im Quadrat zum Herrscher von Haus 5 (Mond). Traditionell bezeichnet das 5. Haus Hobbys, Sport, Spiel und Unterhaltung sowie Kinder und ganz allgemein den Selbstausdruck. Allerdings gibt es noch eine tiefere Bedeutung. Es geht hier nicht so sehr in äußerlicher Hinsicht um das Thema Kind, sondern vielmehr um das Kind in uns selbst, um ein bestimmtes Maß an Offenheit, Selbstvertrauen und freudiger Erwartung, mit denen wir dem Leben gegenübertreten. Hier geht es um den Mut, die Dinge so zu nehmen, wie sie kommen – so wie ein Kind spontan und unmittelbar genießt, was ihm geboten wird. Sich selbst diesen Genuß zu erlauben und die Freude darüber zum Ausdruck kommen zu lassen, gehört zu den wichtigen Eigenschaften des 5. Hauses. Dieses Haus hat mit dem Gefühl der Lebenslust oder generell der «Daseinsberechtigung» zu tun. Wenn man diese Gefühle in sich zuläßt, wird man sie wahrscheinlich auch den eigenen Kinder vermitteln. Insofern werden die eigenen Kinder durch das 5. Haus beschrieben: In Form unserer Haltung ihnen gegenüber, die aus der Einstellung gegenüber dem Kind in uns selbst entsteht. Schaffe dir selbst Freiräume für allerlei Hobbys und andere Aktivitäten, die einfach nur Spaß machen, und deine Kinder werden mit Freude daran Anteil nehmen. So kannst du sie stimulieren, die Welt zu entdecken.

Besteht eine Verbindung zwischen dem 12. und dem 5. Haus, kommt es im allgemeinen zu einer von zwei Auswirkungsmög-

lichkeiten. Wenn wir das 12. Haus aus Angst vor den darin enthaltenen Tiefen abschotten, übertragen wir Unsicherheit und Chaos von dort aus auf das 5. Haus. Das kann bedeuten, nicht genau zu wissen, was man gerne machen möchte, daß man unter einem mangelhaften Selbstvertrauen leidet oder in Abhängigkeit oder Rastlosigkeit verfällt. Die zweite Möglichkeit: Läßt man seine Empfindsamkeit zu, können sich Aktivitäten und Liebhabereien manifestieren, die mit den Inhalten des 12. Hauses zusammenhängen: Träume, Mythologie, Märchen, Sagen und Legenden, Meditation und Religion, die See oder das Universum gehören dazu, des weiteren Kunst und das Übernatürliche. Nicht zuletzt sind Alkohol beziehungsweise Drogen und ganz allgemein Suchtphänomene zu erwähnen. Mit der Verbindung von Haus 5 und Haus 12 besteht aber auch die Chance, die Neigung zu einem befriedigenden Hobby zu machen, beispielsweise, indem man die Geschichte der Weinkunde oder die Wirkungsweise von Drogen studiert. Möglicherweise geht man diesen Liebhabereien in aller Stille oder vollkommener Abgeschiedenheit nach.

Es tritt also nicht zwangsläufig eine chaotische Situation oder gar eine Identitätskrise auf. Hätten in Croisets Fall die negativen Aspekte der Verbindung vom 12. und 5. Haus überwogen, würden sicher noch weitere Schwierigkeiten aufgetreten sein. Mit seinem Mars war, wie wir schon festgestellt haben, das Problem verbunden, die Verantwortung für sich zu übernehmen – ebenfalls eine Entsprechung der Verbindung von Haus 12 und Haus 5. Seine Empfindsamkeit hat Gerard Croiset jedenfalls nicht verdrängt, auch wenn er in frühen Jahren oft mißverstanden wurde. Bei ihm verschmolzen das 12., das 5. und das 6. Haus: Sein tiefstes Interesse und seine Liebhaberei, das Übernatürliche und die Heilkunde, wurde zu seinem Lebenswerk.

Das bringt uns zu den Aspekten des Mitregenten vom 12. Haus zu Haus 6: Uranus im Quadrat zum Herrscher von Haus 6 (Mond) und im Sextil zum Mitregenten (Sonne) – ein harmonischer und ein disharmonischer Aspekt. Das Sextil vom Mitregenten von 12 (Uranus) zum Mitregenten von 6 (Sonne) kann die Spannung des Quadrats vom Herrn von 12 zum Herrn von 6 (Mond) mildern.

Die Verbindung zeigt, daß die Inhalte des 12. Hauses – auf welche Weise auch immer – auf dem Gebiet von Arbeit und Gesundheit zum Tragen kommen. Auch Spannungsaspekte können sich positiv auswirken – wenn der Betreffende sensibel und einfühlsam vorgeht. In diesem Fall dürfte eine soziale Einstellung, eine gute Nase für neue Trends und ein besonderes Talent vorhanden sein, auch schwierigste Probleme zu lösen. Voraussetzung ist allerdings, daß man den Mut findet, sich ruhig dem unerforschlichen Etwas in sich selbst zu überlassen. Vielleicht ist in diesem Fall auch eine besondere Verbindung von wahrer Religiosität und dem Alltags- beziehungsweise dem Berufsleben vorhanden.

Viele Tätigkeiten basieren auf Energien, die nicht klar zu bestimmen sind. In diesem Zusammenhang ist die Homöopathie anzuführen. Traditionell werden die Füße dem 12. Haus zugerechnet. Bezeichnenderweise haben Leute, die sich im Beruf mit dem Fuß beschäftigen (wer zum Beispiel Fußreflexzonen-Massage oder Pediküre durchführt oder auch orthopädische Schuhmacher), in der Regel ein reich besetztes 12. Haus (nicht selten mit einer Verbindung zum 6.). Croiset war Hellseher und Heiler – auch er hatte mit Energien zu tun, die von der Schulmedizin nicht anerkannt sind.

Bei Menschen, die sich den Tiefen des 12. Hauses und der Welt des logisch nicht Begründbaren verschließen, kann es im Fall dieser Verbindung zu ganz anderen Auswirkungen kommen. Bezüglich der Arbeit kann zum Beispiel folgende Einstellung herrschen: »Ich arbeite nicht, sonst verliere ich meine mystischen Gaben.« Das andere Extrem wäre, daß gearbeitet wird «bis zum Umfallen». Möglich wäre aber auch, daß schwer diagnostizierbare Krankheiten auftreten oder eine allgemein kränkliche Konstitution vorhanden ist.

In Kapitel 6 habe ich die Verbindung von Sonne und Mond mit dem 12. Haus schon ausführlich behandelt. In Croisets Fall sind *beide* Lichter mit diesem Haus verbunden, was eine gesteigerte Einfühlsamkeit bedeutet. Die Verbindung mit der Sonne ist leicht zu interpretieren – wir müssen uns erinnern, daß Croisets Vater sich von Anfang an nur wenig um die Familie gekümmert hat. Das Mond-Quadrat muß nicht heißen, daß die Mutter die Familie nicht versorgt hat – er kann auch die Sensibilität oder Verletzlichkeit eines Elternteils spiegeln. Handelt es hierbei vielleicht um die Probleme, die die Eltern während Croisets ersten Lebensjahren in der Kommune erlebten?

Bei einer Verbindung von Sonne oder Mond mit dem 12. Haus kann die Gesundheit ein Problem sein, was bei Croiset in der Tat der Fall war. Generell kann es sich um das Problem handeln, daß ein Elternteil keinen emotionalen Kontakt zu dem Kind hat oder physisch abwesend ist. Inwiefern diese Konstellation von Croisets Eltern geerbt ist, läßt sich nicht feststellen, da deren Horoskope nicht zur Verfügung stehen.

Natürlich sind es die Eltern, die zunächst unsere Haltung zum Leben prägen. Wie wir uns selbst gegenüber der Außenwelt darstellen und abgrenzen, zeigt das 10. Haus. Die Achse MC/IC hat mit der Art und Weise zu tun, wie wir unsere Eltern erlebt haben (siehe ebenfalls Kapitel 6). Bei Croiset kommt es zwischen dem Herrscher des 12. Hauses und dem von 10 zu einem Quinkunx, was darauf schließen läßt, daß seine Selbstdarstellung nach außen durch das 12. Haus beeinflußt wurde. Neptun oder den Herrscher von 12 in Haus 10, im Aspekt zum MC oder dem Herrscher von 10 sieht man häufig bei Kindern, deren Eltern in einem gesellschaftlichen «Randgebiet» leben oder arbeiten. Den Begriff «Randgebiet» möchte ich im weitesten Sinne verstanden wissen. Für mich zählt die Welt der Kunst und Musik dazu sowie Beschäftigungen auf sogenannten alternativen Gebieten wie der Astrologie, der Hypnose-Therapie, der Heilung durch das Gebet usw. Negative Auswirkungen fand ich bei dem Kind zweier Heroinsüchtiger und bei einem Kind, dessen Vater Alkoholiker war.

Das 12. Haus neigt dazu, die mit dem 10. Haus verbundene Identität zu verwischen und das Selbstbild undeutlich zu machen. Oft wissen Menschen mit dieser Verknüpfung nicht, welche Haltung sie nach außen zeigen sollen. Manche Betroffenen gründen ihre Selbsteinschätzung auf die Meinung der anderen, was ihnen noch mehr Verwirrung bringt. Auch hier gilt, daß man sich dem emotionalen und irrationalen Einfluß des 12. Hauses öffnen sollte – ein tiefes Vertrauen wird die Folge sein, das sich kaum in Worte fassen läßt. In diesem Falle kommt es zu einer Identität, bei der das Einfühlungsvermögen eine tragende Rolle spielt. Eine Verbindung zwischen Haus 12 und 10 kann mit beruflichen Vorahnungen zusammenhängen, zum Beispiel, wenn die Krankenschwester zufällig in einen Krankensaal geht, wo sie gerade dringend benötigt wird. Auf diese Weise kann man sich im richtigen Moment am richtigen Ort einfinden. Allerdings muß der Kanal zum Unbewußten offen sein – sonst würde die Person Unsicherheit und Chaos erleben. Diese Verknüpfung ist sehr günstig für jemanden, der bei seiner Arbeit Sensibilität benötigt. Croiset wird davon profitiert haben.

Bezüglich Croisets 12. Haus muß zuletzt noch die Stellung des Mitregenten des 12. Hauses in Haus 11 genannt werden. Mit dieser Verbindung braucht man einen idealistischen Freundeskreis, Menschen, mit denen man sich auch ohne viele Worte verbunden fühlt. Dabei besteht die Gefahr, daß man die eigenen Ideale an die Meinungen dieses Kreises anpaßt, und die Chance, die eigenen tiefsten Überzeugungen mit anderen zu teilen. Verschließt man sein 12. Haus, wird bei dieser Kombination sich die chaotische Komponente im Freundeskreis bemerkbar machen. Ist man offen, kann es zu tiefen, häufig spirituell gefärbten Freundschaften kommen. Menschen mit dieser Verbindung suchen Freunde, mit denen sie über geistige und religiöse Dinge sprechen können, über Träume und Symbole, über Parapsychologie oder über die See und das Universum. Auch Hausmusik ist eine gute Möglichkeit, diese Inhalte zum Ausdruck zu bringen. In seinen jungen Jahren machte Croiset spiritistische Experimente mit seinen Freunden und Bekannten. Später trat diese Beschäftigung in den Hintergrund, und er suchte in immer stärkerem Maße den Kontakt mit – wie er sie selbst nannte – Geistesfreunden. Die Freundschaft mit dem calvinistischen Lehrer Dick Wieringa prägte ihn stark. Croiset schreibt, daß dieser Mann, der die Bibel auswendig kannte, seine Denkweise stark beeinflußt hat. Auch seine Freundschaften in späteren Jahren entsprachen der Verbindung der Häuser 12 und 11. Hinzuweisen ist vor allem auf den langjährigen Kontakt mit dem Freimaurer und Parapsychologen Prof. W. H. C. Tenhaeff.

Die beiden führten gemeinsam zahlreiche parapsychologische Experimente durch.

Das Leben Gerard Croisets illustriert sehr deutlich die Licht- und die Schattenseiten des 12. Hauses. Vieles in seiner Autobiographie bestätigt meine persönlichen Erfahrungen. Das Leben besteht aus einer unbeschreiblichen Vielfalt von Situationen – unendlich viele Auswirkungen sind möglich. Darum hat die Interpretation von dem 12. Haus von Gerard Croiset lediglich Beispielcharakter. Sie ist ein Versuch, die Einsicht in Zusammenhänge und Wirkungsweisen zu fördern und einen Anstoß zum weiteren Studium zu geben. Croiset nannte sich selbst einen glücklichen Menschen. Wenn das Glück auch bisweilen fern scheint, haben wir alle doch die Möglichkeit, es zu erreichen... mit dem 12. Haus...

* * *

Karen M. Hamaker-Zondag, 1952 in Schiedam/Niederlande geboren, beschäftigt sich seit 1971 mit Astrologie. 1977 gab sie ihre Stelle als Lehrerin für Geographie auf und begann Astrologie-Bücher zu schreiben, in denen sie die Psychologie C.G. Jungs in Beziehung zur Astrologie setzte. Sie gründete 1980 die inzwischen über die Grenzen der Niederlande hinaus bekannte Astrologieschule »Stichting Achernar«. Ihre Bücher sind Standardwerke der astrologischen Literatur.

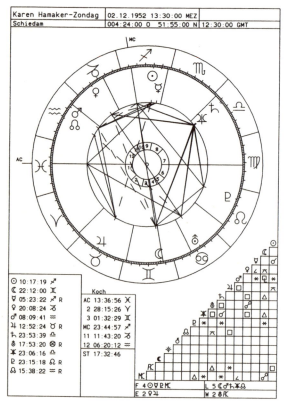

Karen Hamaker-Zondag
Deutung der Planeten

Wesen und Wirken der planetarischen Kräfte in Elementen, Zeichen und Kreuzen

In diesem zweiten Band ihres fünfbändigen Lehrwerkes „Astrologische Deutung" beschreibt Karen M. Hamaker-Zondag ausführlich die Planeten in den Zeichen und ordnet sie nach den vier Elementen und den drei Kreuzen ein. Sie hebt dabei hervor, dass die psychischen Inhalte der Planeten in den Zeichen logisch hergeleitet und kombiniert werden können. Anhand von Beispielen wird dies näher erläutert.

Es ist ihr grosser Verdienst, dass sie, anstatt althergebrachte Inhalte zu wiederholen, die astrologischen Begriffe mit der Psychologie von C.G. Jung verbindet und damit zusätzliche Perspektiven und Einsichten bietet.

Zusätzlich findet der Leser Anhänge mit Stichwörtern für die Planeten, die Elemente und die Kreuze, sodass es möglich ist, das neu erworbene Wissen gleich praktisch zu testen. Mit diesem Buch schrieb die international renommierte Astrologin ein Grundlagenwerk der Horoskopdeutung.

ISBN 90-76274-95-9

Karen Hamaker Zondag
Deutung der Häuser

Die Planeten in den zwölf astrologischen Häusern

In diesem dritten Band ihres fünfbändigen Lehrwerkes „Astrologische Deutung" beschreibt die Autorin die Bedeutung der astrologischen Häuser. Sie erklärt deren Wirkung nicht als unveränderliche, starre Konstante, sondern als Stationen eines dynamischen Entwicklungsprozesses, wodurch bestimmte Situationen zu lösen sind.

Bei der Beschreibung eines jeden Hauses wird neben der Bedeutung auch die psychologisch-symbolische Wirkung erläutert. Damit vertieft die Autorin die Einsicht in das Wirken der Planeten in den Häusern und in die dazugehörigen Motivationen und Projektionen. Zudem werden die Beziehungen der Häuser untereinander, die wesentlichen Einflüsse der vier Elemente und Kreuze sowie die Polaritäten logisch und leicht verständlich beschrieben.

ISBN 90-76274-06-1

Karen Hamaker-Zondag
Deutung von Aspekten und Aspektfiguren

Im vierten Band ihres fünfbändigen Lehrwerkes „Astrologische Deutung" beschreibt die Autorin auf ihre bekannt deutliche und einleuchtende Art und Weise die Aspekte, das heisst, die Winkelbeziehungen von Planeten zueinander. Karen Hamaker-Zondag erklärt die Wirkung aller bekannten Aspekte, die dazugehörigen Orben – den Spielraum der Aspekte, den Unterschied zwischen ein- und ausgehenden, sowie den zu- und abnehmenden Aspekten. Zudem ergänzt sie dieses Lehrbuch mit dem selten behandelten, aber wichtigen Thema der Wirkung von unaspektierten Planeten.

ISBN 90-76274-16-9

Karen Hamaker-Zondag
Häuserherrscher und Häuserbeziehungen

Im fünften Band ihres fünfbändigen Lehrwerkes "Astrologische Deutung" beschreibt Karen M. Hamaker-Zondag ausführlich ein zu Unrecht vernachlässigtes Stiefkind der Astrologie, nämlich den Einfluss der Häuserherrschaft, das heisst die Herrschaft des Planeten, der das Zeichen beherrscht, in dem sich das betreffende Haus befindet. Die astrologischen Häuser spielen eine wichtige Rolle, weil sie zeigen, auf welchem Lebensgebiet sich die durch ein Sternbild gekennzeichnete psychische Energie eines Planeten manifestiert. Die Autorin betont die Wichtigkeit der Häuserbeziehungen untereinander, die durch die Häuserherrscher verursacht wird. Systematisch beschreibt sie die verschiedenen Arten von Herrschaft, die Häuser selbst, deren Beziehung zueinander und die Aspekte der Häuserherrscher sowie die Herrscher in den verschiedenen Häusern.

ISBN 90-76274-26-6

Tracy Marks
Astrologie der Selbst-Entdeckung
Eine Reise in das Zentrum des Horoskops

Astrologie der Selbst-Entdeckung ist ein Leitfaden, der uns durch einige, bisher nur oberflächlich behandelte, astrologische Themen führt. Doch sind diese Themen von grosser Bedeutung für diejenigen, die danach streben, ihre körperliche, emotionelle, intellektuelle und spirituelle Art zu integrieren und sich von einschränkenden Mustern aus der Vergangenheit befreien möchten.

Neben Informationen über das kreative Vorstellungsvermögen und helfende Aufopferung, die zum Neptun gehören und über die negativen und positiven Seiten von den zum Pluto gehörenden Trieben, beinhaltet dieses Buch viel originäres Material über den Mond. Die Autorin berichtet von der heilenden Kraft der Dunkelheit des Mondes, der Erziehung unseres inneren Kindes, über die Bedeutung der Mondzeichen beim Entdecken unserer tiefen, emotionalen Bedürfnisse, über die bahnbrechenden und Einsicht erweiternden Einflüsse von Voll- und Neumond sowie nördlichen Mondknoten als Indikator unseres Lebensziels. Damit eröffnet sie die Möglichkeit, Horoskope mit mehr Tiefgang zu interpretieren und erleichtert zudem den Zugang zu Entwicklungs- und Integrationsprozessen.

Seit jeher wurde das Horoskop als ein sehr genauer Grundriss der menschlichen Psyche gesehen. Es ist aber erst seit den astrologischen Verfeinerungen und Vertiefungen neueren Datums wirklich möglich geworden, das Potential und die Dynamik der Psyche optimal zu nutzen. Das Buch von Tracy Marks, eine der ursprünglichsten und weisesten Persönlichkeiten der modernen amerikanischen Astrologie, hat hierzu einen grossen und verdienstvollen Beitrag geliefert.

ISBN 90-76274-86-X

Tracy Marks
Schwierige Aspekte
Herausforderungen und Chancen

In diesem Buch beschreibt Tracy Marks, wie man lernen kann,
schwierige Aspekte positiv zu nutzen. Wenn wir mit Opposi-
tionen, Quadraten und T-Quadraten ringen, sei es im Geburtshoroskop oder durch Transite und Progressionen, oder
im Partnervergleich, bietet die Autorin im Gegensatz zu den
gängigen Auffassungen brauchbare Alternativen an. Sie betont
die positiven Effekte für unsere Motivation, unsere potentiel-
len Leistungen und die Entwicklung unseres Bewusstseins, die
diese schwierigen Aspekte beinhalten.

Auch wenn sich im Geburtshoroskop z. B. kein T-Quadrat befindet, so werden wir doch im Laufe der Jahre durch Transits

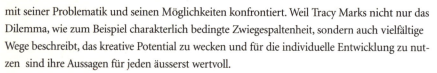

mit seiner Problematik und seinen Möglichkeiten konfrontiert. Weil Tracy Marks nicht nur das
Dilemma, wie zum Beispiel charakterlich bedingte Zwiegespaltenheit, sondern auch vielfältige
Wege beschreibt, das kreative Potential zu wecken und für die individuelle Entwicklung zu nut-
zen sind ihre Aussagen für jeden äusserst wertvoll.

Sie erklärt zudem, wie man die Qualitäten der Planeten, Sternzeichen, Häuser und Aspekte die
schwach oder gar abwesend erscheinen, entwickeln kann.

ISBN 90-76274-17-7

Tracy Marks
Die Kunst der Horoskop-Synthese
Zentrale Lebensthemen im Geburtshoroskop

Bei dem Versuch ein Horoskop zu deuten, bemühen wir uns,
die zentralen Lebensthemen zu erkennen und richtig zu be-
werten. Genau darin besteht die Schwierigkeit, und genau an
diesem Punkt setzt Tracy Marks an und zeigt, wie die einzelnen Fragmente des Horoskops in eine Synthese gebracht werden können. Dem Buch ist ein von ihr entwickeltes Arbeits-
blatt beigelegt, mit dessen Hilfe die Grundlagen des Horoskops methodisch, praktisch und systematisch abgefragt werden können. Beispiele verdeutlichen den Umgang mit den Ar-
beitsblatt in der astrologische Praxis.

Die Autorin legt mit diesem Buch eine klare, systematische und nachvollziehbare Anleitung für
die Deutung des Geburtshoroskops vor.

ISBN 90-76274-07-X